职务犯罪
101个罪名简释

（第二版）

本书编写组 编写

中国方正出版社

图书在版编目（CIP）数据

职务犯罪101个罪名简释/《职务犯罪101个罪名简释》编写组编写. -- 2版. -- 北京：中国方正出版社，2024. 7. -- ISBN 978-7-5174-1375-2

Ⅰ. D924. 393. 5

中国国家版本馆CIP数据核字第2024KN7537号

职务犯罪101个罪名简释（第二版）

ZHIWU FANZUI 101 GE ZUIMING JIANSHI（DI ER BAN）

本书编写组 **编写**

责任编辑： 安乐明　李兴格

责任校对： 周志娟

责任印制： 李惠君

出版发行： 中国方正出版社

（北京市西城区广安门南街甲2号　邮编：100053）

编辑部：（010）59594610　发行部：（010）66560936

出版部：（010）59594625　门市部：（010）66562733

邮购部：（010）66560645

网　址：www.lianzheng.com.cn

经　　销： 新华书店

印　　刷： 文畅阁印刷有限公司

开　　本： 787毫米×1092毫米　1/32

印　　张： 11. 75

字　　数： 180千字

版　　次： 2024年7月第2版　2025年9月第4次印刷

ISBN 978-7-5174-1375-2　　定价：28. 00元

出版说明

2021年9月，国家监察委员会公布的《中华人民共和国监察法实施条例》明确规定，监察机关可以管辖的职务犯罪共涉及101个罪名。

这101个罪名既是纪检监察机关调查职务犯罪的责任清单，也是对公职人员特别是领导干部履行职责的最底线要求，与《中国共产党纪律处分条例》规定的违纪行为和《中华人民共和国公职人员政务处分法》规定的职务违法行为，共同构成层层递进的纪、法、罪负面清单。一方面，各级纪检监察机关要依规依法履行职责，贯通执纪执法，对管辖的职务犯罪，严格按照规定的权限、规则、程序开展调查处置工作。另一方面，公职人员要敬畏纪法，依法用权、秉公用权、廉洁用权，牢牢守住党纪国法的底线，做到忠诚干净担当。

为帮助广大党员干部、公职人员掌握纪法内容、明晰底线清单，依法履职、秉公用权，我们组织编写了《职务犯罪 101 个罪名简释》一书，围绕 101 个职务犯罪罪名，逐一阐释罪名概念及构成要件、移送检察机关审查起诉标准，简明扼要，易学易记。2024 年 4 月，根据《中华人民共和国刑法修正案（十二）》，我们对书中部分内容做了更新、修改。

由于编者水平有限，书中难免有错漏和不妥之处，敬请读者批评指正。

编　者

2024 年 5 月

目　　录

二、滥用职权类犯罪

四、徇私舞弊类犯罪

六、公职人员在行使公权力过程中涉及的其他犯罪

引　言

《中华人民共和国监察法实施条例》（以下简称《实施条例》）以《中华人民共和国监察法》（以下简称《监察法》）为依据，总结国家监察体制改革以来监察调查工作实践，采取列举罪名的方式，对监察机关管辖职务犯罪的范围作出明确规定。监察机关有权管辖的职务犯罪罪名，包括贪污贿赂类犯罪、滥用职权类犯罪、玩忽职守类犯罪、徇私舞弊类犯罪、重大责任事故类犯罪和公职人员在行使公权力过程中涉及的其他犯罪等6类，共涉及101个罪名。

一、关于管辖机关

《实施条例》坚持问题导向，对监察机关的管辖权限作出了更为细致的划分，明确了《监察法》规定的互涉案件“由监察机关为主调查”的具体内涵，有利于加强党对反腐败工作的集中统一领导，进一步推动监察机关与司法机关共同形成反腐败合力。这101个罪名既包括了监察机关单独管辖的罪名，也包括与检察机关、公安机关共同管辖的罪名。对照《实施条例》第26条—31条、第52条以及《中华人民共和国刑法修正案（十二）》等的规定，具体可分为以下三种情况：

一是监察机关专属管辖的罪名，共计46个。

二是监察机关和公安机关共管罪名，共计41个。根据《监察法》规定，就共管罪名而言，犯罪主体是否属于公职人员，是确定其管辖机关的主要依据。也就是说，公职人员涉嫌有关犯罪由监察机关管辖，公职人员之外的人员涉嫌有关犯罪由公安机关进行侦查。

三是监察机关和检察机关共管罪名，共计14个。实践中，为保障检察机关履行对诉讼活动的法律监督职责，根据《中华人民共和国刑事诉讼法》（以下简称《刑事诉讼法》）及《关于人民检察院立案侦查司法工作人员相关职务犯罪的案件若干问题的规定》，司法工作人员利用职权实施的上述14种犯罪，一般由检察机关管辖；检察机关在办理直接受理侦查的案件中，发现犯罪嫌疑人同时涉嫌监察机关管辖的贪污贿赂等职务犯罪，经沟通全案移送监察机关管辖的，监察机关应当依法进行调查；同时，《实施条例》进一步明确了司法工作人员以外的公职人员利用职权实施的非法拘禁罪、虐待被监管人罪、非法搜查罪、滥用职权罪、玩忽职守罪，由监察机关管辖。需要说明的是，监察机关必要时也可以依法调查司法工作人员利用职权实施的涉嫌非法拘禁、刑讯逼供、非法搜查等侵犯公民权利、损害司法公正的犯罪，但应当在立案后及时通报同级人民检察院。

二、关于职务犯罪主体

职务犯罪涉及的犯罪主体包括两大类，即自然人主体和单位主体，自然人主体又包括无身份的一般主体和有身份的特殊主体。这里对职务犯罪主体有关问题作一概述，各罪名的主体问题均可参照本章有关内容，部分罪名关于犯罪主体有特殊规定的，见该罪名有关内容。

（一）自然人主体

监察机关监察对象所涉及的自然人主体，主要是指国家工作人员等有身份的特殊主体。根据刑法第93条的规定，国家工作人员是指国家机关中从事公务的人员。国有公司、企业、事业单位、人民团体中从事公务的人员和国家机关、国有公司、企业、事业单位委派到非国有公司、企业、事业单位、社会团体从事公务的人员，以及其他依照法律从事公务的人员，以国家工作人员论。

具体而言，国家工作人员具体包括以下四类：

1. 国家机关工作人员

刑法中所称的国家机关工作人员，是指在国家机关中从事公务的人员，包括在各级国家权力机关、行政机关、监察机关、司法机关和军事机关中从事公务的人员。根据有关立法解释的规定，在依照法律、法规规定行使国家行政管理职权的组织中从事公务的人员，或者在受国家机关委托代表国家机关行使职权的组织中从事公务的人员，或者虽未列入国家机关人员编制但在国家机关中从事公务的人员，视为国家机关工作人员。在乡（镇）以上中国共产党机关、人民政协机关中从事公务的人员，司法实践中也应当视为国家机关工作人员。

2. 国有公司、企业、事业单位、人民团体中从事公务的人员

国有公司、企业仅限于由国家出资的或者全部资产归国有的公司、企业，其中，不包括国有资本控股、参股公司。在国有资本控股、参股的股份有限公司中从事管理工作的人员，除受国家机关、国有公司、企业、事业单位委派从事公务的以外，不属于国

家工作人员。

3. 国家机关、国有公司、企业、事业单位委派到非国有公司、企业、事业单位、社会团体从事公务的人员

根据有关司法解释规定，经国家机关、国有公司、企业、事业单位提名、推荐、任命、批准等，在国有控股、参股公司及其分支机构中从事公务的人员，应当认定为国家工作人员。具体的任命机构和程序，不影响国家工作人员的认定。经国家出资企业中负有管理、监督国有资产职责的组织批准或者研究决定，代表其在国有控股、参股公司及其分支机构中从事组织、领导、监督、经营、管理工作的人员，应当认定为国家工作人员。国家出资企业中的国家工作人员，在国家出资企业中持有个人股份或者同时接受非国有股东委托的，不影响其国家工作人员身份的认定。

4. 其他依照法律从事公务的人员

具体包括：（1）依法履行职责的各级人民代表大会代表；（2）依法履行审判职责的人民陪审员；（3）协助乡镇人民政府、街道办事处从事行政管理工作的村民委员会、居民委员会等农村和城市基层组织人员；

（4）其他由法律授权从事公务的人员。

根据有关立法解释，村民委员会等村基层组织人员协助人民政府从事下列行政管理工作，属于刑法第93条第2款规定的“其他依照法律从事公务的人员”：（一）救灾、抢险、防汛、优抚、扶贫、移民、救济款物的管理；（二）社会捐助公益事业款物的管理；（三）国有土地的经营和管理；（四）土地征收、征用补偿费用的管理；（五）代征、代缴税款；（六）有关计划生育、户籍、征兵工作；（七）协助人民政府从事的其他行政管理工作。

不论是国家机关中的工作人员，还是被委派的国家工作人员，还是其他依照法律从事公务的人员，“从事公务”是其被视为国家工作人员的必备要件。从事公务，是指代表国家机关、国有公司、企业、事业单位、人民团体等履行组织、领导、监督、管理等职责。公务主要表现为与职权相联系的公共事务以及监督、管理国有财产的职务活动。如国家机关工作人员依法履行职责，国有公司的董事、经理、监事、会计、出纳人员等管理、监督国有财产等活动，属于从事公务。那些不具备职权内容的劳务活动、技术服务工作，如售货员、售票员等所从事的工作，一般不认为是公务。

需要指出的是，《监察法》基于对公权力监督全覆盖的目的，将行使公权力的公职人员作为监察机关监督、调查的对象。刑法基于对国家工作人员从严规制的刑事政策，将国家工作人员聚焦于从事公务的人员，作为确定职务犯罪具体罪名的依据。因此，《监察法》和刑法规制对象不同，公职人员与国家工作人员并不是同一个概念，两者内涵不完全相同。公职人员履行公职的范围要比公务的范围广，因为公务活动的本质是与国家公共事务有关，而公职人员履行公职的范围则没有国家事务的限制。一些非国家性的社会性公共事务，如基层群众性自治组织内集体事务的管理，虽然不能称之为从事公务，但依法属于《监察法》中履行公职的范围。从这一意义上说，公职人员完全包含国家工作人员。公职人员未必都是国家工作人员。由于刑法中的“国家工作人员”均为“履行公职的人员”，而“履行公职的人员”未必全部是“国家工作人员”，监察对象一旦涉罪，就应该进一步甄别其在刑法中的具体身份，进而确定其涉嫌犯罪的具体罪名。例如，公职人员利用职务上的便利收受贿赂，就需要确定该公职人员是否属于从事公务的国家工作人员，进而确定其收受贿赂的行为是受贿罪还是非国家工作人员受贿罪。

（二）单位主体

101个罪名中，也涉及单位犯罪。根据刑法第30条的规定，公司、企业、事业单位、机关、团体都是单位犯罪的主体。

1. 公司。公司是指依法定程序设立，以营利为目的的法人组织，包括股份有限公司和有限责任公司。

2. 企业。企业是指依法成立并具备一定的组织形式，以营利为目的独立从事商品生产经营活动和商业服务的经济组织。私营公司、企业只有在具有法人资格时，才能成为单位犯罪的主体。此外，个人为进行违法犯罪活动而设立的公司、企业实施犯罪的，或者公司、企业依法设立后，以实施犯罪为主要活动的，不以单位犯罪论处。

3. 事业单位。事业单位是指依照法律或者行政命令成立，从事各种社会公益活动的组织。事业单位可以分为国有事业单位和集体事业单位两种。

4. 机关。这里的机关包括国家行政机关、立法机关、司法机关、军队、政党等有关机关。需要指出的是，国家机关实际上是国家机器的一部分。虽然从理论上看，将机关作为犯罪主体不存在法律障碍，但是，在实务中，一旦对机关追究刑事责任，将带来罚金如何执行、相关机关的威信如何维持以及今后如何进一步开展工作等难题。因此，在具体个案中，是否将机关作为单位犯罪主体，需要仔细斟酌。

5. 团体。团体，又称为社会团体，是指各种群众团体组织，例如，人民团体（工会、共青团、妇联等）、社会公益团体、学术研究团体、文化艺术团体、宗教团体等。

此外，根据2001年1月21日《全国法院审理金融犯罪案件工作座谈会纪要》的规定，以单位的分支机构或者内设机构、部门的名义实施犯罪，违法所得亦归分支机构或者内设机构、部门所有的，应认定为单位犯罪。由此，以单位的分支机构、内设机构、部门的名义实施犯罪，但违法所得归个人所有的，应以个人犯罪论处。

一、贪污贿赂类犯罪

根据《中华人民共和国监察法实施条例》第26条的规定，贪污贿赂类犯罪共涉及19个罪名，具体包括2类。

第一类是监察机关专属管辖的14个罪名：贪污罪，挪用公款罪，受贿罪，单位受贿罪，利用影响力受贿罪，行贿罪，对有影响力的人行贿罪，对单位行贿罪，介绍贿赂罪，单位行贿罪，巨额财产来源不明罪，隐瞒境外存款罪，私分国有资产罪，私分罚没财物罪。

第二类是监察机关与公安机关共同管辖的5个罪名：职务侵占罪，挪用资金罪，对外国公职人员、国际公共组织官员行贿罪，非国家工作人员受贿罪，对非国家工作人员行贿罪。需要说明的是，2022年4月，最高人民检察院、公安部联合发布修订后的《关于公安机关管辖的刑事案件立案追诉标准的规定(二)》，对这5个罪名规定了与国家工作人员职务犯罪相同的入罪标准。

1. 贪污罪

贪污罪，是指国家工作人员和受国家机关、国有公司、企业、事业单位、人民团体委托管理、经营国有财产的人员，利用职务上的便利，侵吞、窃取、骗取或者以其他手段非法占有公共财物的行为。（参见刑法第382、383、287、183、394、93、91条）

学习提示

贪污罪是常见的职务犯罪，是国家工作人员权力自肥、损公肥私、化公为私的典型表现，侵害国家工作人员职务廉洁性和公共财产所有权，损害党和国家的形象，败坏党风政风社风，危害严重，应当受到刑事制裁。

罪名简释

1. 客体要件：本罪的犯罪客体是复杂客体。贪污罪既侵犯了国家工作人员职务行为的廉洁性，又侵犯了公共财产的所有权。其中前者是本罪的主要客体。本罪的犯罪对象是公共财产。根据刑法第91条的规定，公共财产是指：（1）国有财产；（2）劳动群众集体所有的财产；（3）用于扶贫和其他公益事业的社会捐助或者专项基金的财产。此外，在国家机关、国有公司、企业、集体企业和人民团体管理、使用或者运输中的私人财产，以公共财产论。

2. 客观方面要件：本罪的客观方面表现为利用职务之便，侵吞、窃取、骗取或者以其他手段非法占有公共财物的行为。这是贪污罪区别于盗窃、诈骗、抢夺等侵犯财产罪的重要特征。

此外，根据刑法第394条的规定，国家工作人员在国内公务活动或者对外交往中接受礼物，依照国家规定应当交公而不交公，数额较大的，以贪污罪定罪处罚。

3. 主体要件：贪污罪的主体是国家工作人员或者受委托管理、经营国有财产的人员。因此，贪污罪的主体包括以下2类人：

(1) 国家工作人员

详见本书引言第4页。

(2) 受委托管理、经营国有财产的人员

“受国有单位、人民团体委托的人员”作为犯罪主体，该规定在职务犯罪章节中，仅出现在贪污罪的规定中，而挪用公款、受贿等不是犯罪的主体。受委托管理、经营国有财产的人员，不是国有单位委派到非国有单位从事公务的人员，受委派从事公务的人员是刑法第93条直接规定的“国家工作人员”范畴。2003年11月13日，最高人民法院下发的《全国法院审理经济犯罪案件工作座谈会纪要》规定，“受委托管理、经营国有财产”是指因承包、租赁、临时聘用等管理、经营国有财产。委托是平等的民事委托关系，而委派是不平等的行政隶属关系。

4. *主观方面要件*：本罪在主观方面必须出自直接故意，并具有非法占有公共财物的目的。过失不构成本罪。

移送审查起诉标准

刑法第383条规定，贪污数额较大或者有其他较重情节的，处3年以下有期徒刑或者拘役，并处罚金。这是刑法关于贪污行为定罪处罚的起刑点。最高人民法院、最高人民检察院的司法解释，对贪污数额较大或者有其他较重情节，作了进一步规范。因此，按照刑法和司法解释的规定，被调查人涉嫌贪污犯罪，具有下列情形之一的，经调查认为犯罪事实清楚，证据确实、充分的，应当依法移送人民检察院审查起诉。

1. 贪污数额在3万元以上的；

2. 贪污数额在1万元以上不满3万元，具有下列情形之一的：

（1）贪污救灾、抢险、防汛、优抚、扶贫、移民、救济、防疫、社会捐助等特定款物的；

（2）曾因贪污、受贿、挪用公款受过党纪、行政处分的；

（3）曾因故意犯罪受过刑事追究的；

（4）赃款赃物用于非法活动的；

（5）拒不交待赃款赃物去向或者拒不配合追缴工作，致使无法追缴的；

（6）造成恶劣影响或者其他严重后果的。

2. 挪用公款罪

挪用公款罪，是指国家工作人员利用职务上的便利，挪用公款归个人使用，进行非法活动的，或者挪用公款数额较大、进行营利活动的，或者挪用公款数额较大、超过3个月未还的行为。（参见刑法第384、185、272、287、93条）

学习提示

公款姓公，一分一厘都不能乱花；公权为民，一丝一毫都不能私用。挪用公款罪是常见的职务犯罪，是国家机关工作人员以权谋私的典型表现。尤其是挪用用于救灾、抢险、防汛、优抚、扶贫、移民、救济款物归个人使用的，更是严重损害群众的切身利益，损害党和国家的形象，损害党群干群关系，危害党的执政基础，应当受到刑法的严厉打击。

罪名简释

1. 客体要件：本罪侵犯的客体，主要是公共财产的所有权，同时在一定程度上也侵犯了国家的财经管理制度。

本罪侵犯的对象主要是公款。这里的公款是广义的公款，既包括国家、集体所有的货币资金，也包括由国家管理、使用、运输、汇兑与储存过程中的私人所有的货币。根据刑法第 384 条的规定，挪用用于救灾、抢险、防汛、优抚、扶贫、移民、救济款物归个人使用的，要按挪用公款罪从重处罚，因此这些特定的公款、公物可以成为本罪的对象。挪用公物归个人使用，一般应由主管部门按违纪处理，情节严重，需要追究刑事责任的，可以折价按挪用公款罪处罚。因而一般的公物也可以成为本罪的对象。

2. 客观方面要件：本罪的客观方面，根据刑法第 384 条之规定，挪用公款归个人使用具体可包括以下 3 种情况：（1）挪用公款归个人使用进行非法活动；（2）挪用公款归个人进行营利活动，并且数额较大的；（3）挪用公款归个人用于上述非法活动、营利活动以外的用途，并且数额较大，超过 3 个月未还的。

3. 主体要件：本罪的主体是特殊主体，即国家工作人员，这里所说的国家工作人员与前述贪污罪中国家工作人员的内涵、外延基本相同，同样具有特定性和公务（职务）性。

4. 主观方面要件：本罪在主观方面是直接故意，行为人明知是公款而故意挪作他用，其犯罪目的是非法取得公款的使用权。但其主观特征，只是暂时非法取得公款的使用权，打算以后予以归还。至于行为人挪用公款的动机则可能是多种多样的，有的是为了营利，有的是出于一时的家庭困难，有的是为了赞助他人，有的是为了从事违法犯罪活动。动机如何不影响本罪成立。

移送审查起诉标准

根据刑法和司法解释规定，被调查人涉嫌挪用公款犯罪，具有下列情形之一的，经调查认为犯罪事实清楚，证据确实、充分的，应当依法移送人民检察院审查起诉。

1. 挪用公款归个人使用，进行非法活动，数额在3万元以上的；

2. 挪用公款归个人使用，进行营利活动，数额在

5万元以上的；

3. 挪用公款归个人使用，超过3个月未还，数额在5万元以上的。

3. 受贿罪

受贿罪，是指国家工作人员利用职务上的便利，索取他人财物，或者非法收受他人财物，为他人谋取利益的行为。（参见刑法第385、386、388、93、399、163、184条）

学习提示

受贿罪是常见的职务犯罪，是国家机关工作人员权钱交易的典型表现，严重侵犯职务廉洁性和国家机关、国有公司、企事业单位、人民团体的正常管理活动。受贿行为常常与滥用权力相伴，为一己之私利，出卖、损害国家和人民利益，危害严重，应当受到刑法打击。

罪名简释

1. 客体要件：本罪侵犯的客体是复杂客体。主要客体是国家机关、国有公司、企事业单位、人民团体的正常管理活动；次要客体是国家工作人员职务行为的廉洁性。

本罪的犯罪对象是财物。根据相关司法解释的规定，贿赂犯罪中的“财物”，包括货币、物品和财产性利益。财产性利益包括可以折算为货币的物质利益如房屋装修、债务免除等，以及需要支付货币的其他利益如会员服务、旅游等。后者的犯罪数额，以实际支付或者应当支付的数额计算。

2. 客观方面要件：本罪在客观方面，根据受贿罪客观行为方式的不同，可分为以下4种类型：

（1）国家工作人员利用职务上的便利，非法收受他人财物，为他人谋取利益。利用职权为他人谋取利益而收受他人财物，是典型的受贿行为。

（2）国家工作人员利用职务上的便利，向他人索取财物。

（3）国家工作人员利用本人职权或者地位形成的便利条件，通过其他国家工作人员职务上的行为，为请托人谋取不正当利益，索取或者收受请托人财物。

（4）国家工作人员在经济往来中，违反国家规定，收受各种名义的回扣、手续费，归个人所有。这是刑法关于受贿的一种特殊形式的规定。

3. *主体要件*：本罪的主体是特殊主体，即国家工作人员，这里所说的国家工作人员与前述贪污罪中国家工作人员的内涵、外延基本相同。

4. *主观方面要件*：本罪在主观方面是由故意构成，只有行为人是出于故意所实施的受贿犯罪行为才构成受贿罪，过失行为不构成本罪。在实践中，行为人往往以各种巧妙手法掩盖其真实的犯罪目的，因而必须深入地加以分析判断。

移送审查起诉标准

根据刑法和司法解释规定，被调查人涉嫌受贿犯罪，具有下列情形之一的，经调查认为犯罪事实清楚，证据确实、充分的，应当依法移送人民检察院审查起诉。

1. 受贿数额在3万元以上的；

2. 受贿数额在1万元以上不满3万元，具有下列情形之一的：

（1）多次索贿的；

（2）为他人谋取不正当利益，致使公共财产、国家和人民利益遭受损失的；

（3）为他人谋取职务提拔、调整的；

（4）曾因贪污、受贿、挪用公款受过党纪、行政处分的；

（5）曾因故意犯罪受过刑事追究的；

（6）赃款赃物用于非法活动的；

（7）拒不交待赃款赃物去向或者拒不配合追缴工作，致使无法追缴的；

（8）造成恶劣影响或者其他严重后果的。

4. 单位受贿罪

单位受贿罪，是国家机关、国有公司、企业、事业单位、人民团体，索取、非法收受他人财物，为他人谋取利益，情节严重，或者在经济往来中，在账外暗中收受各种名义的回扣、手续费的行为。（参见刑法第 387 条）

学习提示

反腐败不光惩戒个体犯罪，也剑指单位或集体滥权行为。单位受贿罪的存在很大程度上源于法不责众思想，在“人人都可分一杯羹”思维下，一些人对于搞“权力创收”有恃无恐。单位受贿罪是典型的与民争利，侵害国家机关、国有公司、企业、事业单位、人民团体的形象和正常管理秩序，损害人民群众对党和政府的信任，危害党的执政根基，应当受到刑法打击。

罪名简释

1. 客体要件：本罪侵犯的主要是国有单位正常管理活动和声誉。

2. 客观方面要件：本罪在客观表现上有2项内容：一是国家机关、国有公司、企业、事业单位、人民团体，索取、非法收受他人财物，为他人谋取利益，情节严重的行为。二是在经济往来中，在账外暗中收受各种名义的回扣、手续费的行为。对于收受回扣和手续费在账上记载的，也不宜以本罪论处。

3. 主体要件：本罪的犯罪主体是特殊主体，只能由国有单位构成，而且只能是国家机关、国有公司、企业、事业单位、人民团体等国有单位。集体经济组织、中外合资企业、中外合作企业、外商独资企业和私营企业，以及自然人不能成为单位受贿罪的主体。

4. 主观方面要件：本罪在主观方面表现为直接故意。即国有公司、企业、事业单位、机关、团体具有索取或者收受贿赂，为他人谋取利益的动机、目的。单位受贿罪的这种故意，是经单位决策机构的授权或同意，由其直接负责的主管人员和其他责任人员故意收受或索取贿赂的行为表现出来的，是法人整体意志的体现。另外，单位受贿罪中自然人罪名的确定依单位受贿罪罪名确定。

移送审查起诉标准

根据刑法和司法解释规定，被调查人涉嫌单位受贿犯罪，具有下列情形之一的，经调查认为犯罪事实清楚，证据确实、充分的，应当依法移送人民检察院审查起诉。

1. 单位受贿数额在10万元以上的；

2. 单位受贿数额不满10万元，但具有下列情形之一的：

（1）故意刁难、要挟有关单位、个人，造成恶劣影响的；

（2）强行索取财物的；

（3）致使国家或者社会利益遭受重大损失的。

5. 利用影响力受贿罪

利用影响力受贿罪，是指国家工作人员的近亲属或者其他与该国家工作人员关系密切的人，通过该国家工作人员职务上的行为，或者利用该国家工作人员职权或者地位形成的便利条件，通过其他国家工作人员职务上的行为，为请托人谋取不正当利益，索取请托人财物或者收受请托人财物，数额较大或者有其他较重情节的行为。(参见刑法第388条之一)

学习提示

利用影响力受贿是公职人员权力滥用的延伸。公职人员的权力是国家和人民赋予的，只能用来为人民谋幸福，绝不能与亲友分享，绝不能成为亲友捞取不义之财的工具，否则就要受到刑事制裁。

罪名简释

1. 客体要件：本罪侵犯的客体主要是国家工作人员职务行为的正当性。

本罪的犯罪对象，是财物及财产性利益。财产性利益包括可以折算为货币的物质利益如房屋装修、债务免除等，以及需要支付货币的其他利益如会员服务、旅游等。后者的犯罪数额，以实际支付或者应当支付的数额计算。

2. 客观方面要件：本罪在客观方面主要表现为：一是行为人利用了其对国家工作人员的“影响力”，行为人直接对国家工作人员产生影响，使其为或不为某种行为。二是通过国家工作人员的职务行为为请托人谋取不正当利益。三是行为人索取或者收受请托人财物“数额较大”或者“有其他较重情节”。未达到数额较大或者情节不重的，不构成本罪。

3. 主体要件：本罪的主体是国家工作人员的近亲属或者其他与该国家工作人员关系密切的人，及离职的国家工作人员或者其近亲属以及其他与其关系密切的人。

4. 主观方面要件：本罪的主观方面应当是直接故

意，表现为该行为人认识到自己是某国家工作人员的关系密切人，与该国家工作人员有着特殊的关系，足以让第三人相信其能够利用该国家工作人员的职务行为或者该国家工作人员职权或地位形成的便利条件，通过其他国家工作人员职务上的行为谋取不正当利益，即认识到其是在以某种方式利用该国家工作人员的职务便利，为请托人谋取不正当利益，并且希望请托人能够给付财物或自己会主动向请托人索贿。

移送审查起诉标准

根据刑法和司法解释规定，被调查人涉嫌利用影响力受贿犯罪，具有下列情形之一的，经调查认为犯罪事实清楚，证据确实、充分的，应当移送人民检察院依法审查起诉。

1. 受贿数额在3万元以上的；

2. 受贿数额在1万元以上不满3万元，具有下列情形之一的：

（1）多次索贿的；

（2）为他人谋取不正当利益，致使公共财产、国家和人民利益遭受损失的；

（3）为他人谋取职务提拔、调整的；

（4）曾因贪污、受贿、挪用公款受过党纪、行政处分的；

（5）曾因故意犯罪受过刑事追究的；

（6）赃款赃物用于非法活动的；

（7）拒不交待赃款赃物去向或者拒不配合追缴工作，致使无法追缴的；

（8）造成恶劣影响或者其他严重后果的。

6. 行贿罪

行贿罪，是指为谋取不正当利益，给予国家工作人员以财物（含在经济往来中，违反国家规定，给予国家工作人员以财物，数额较大，或者违反国家规定，给予国家工作人员以各种名义的回扣、手续费）的行为。（参见刑法第389、390条）

学习提示

行贿罪是受贿罪的姊妹体，没有送，就没有收。坚持受贿行贿一起查，是坚定不移深化反腐败斗争，一体推进不敢腐、不能腐、不想腐的必然要求，是斩断“围猎”与甘于被“围猎”利益链、破除权钱交易关系网的有效途径。需要注意的是，《中华人民共和国刑法修正案（十二）》（以下简称《刑法修正案（十二）》）对行贿罪的刑罚结构作了调整，新增一款规定了行贿从重处罚的七类情形，对一些严重行贿情形加大刑事追责力度，将中央确定重点查处的行贿行为作出具体规定，在法律上明确释放“受贿行贿一起查”的政策要求。

罪名简释

1. 客体要件：本罪侵犯的客体是国家机关的正常管理和公职人员的职务行为的不可收买性。

本罪的犯罪对象是国家工作人员。行贿与受贿往往是对应存在的，是引发受贿犯罪的温床。

2. 客观方面要件：本罪的客观方面的表现，主要有以下几种情况：

一是为了利用国家工作人员的职务行为，主动给予国家工作人员以财物。在这种情况下，无论行贿人意图谋取的不正当利益是否实现，均不影响行贿罪的成立。

二是在有求于国家工作人员的职务行为时，由于国家工作人员的索取而给予国家工作人员以财物。但根据刑法第 389 条第 3 款的规定，因被勒索给予国家工作人员以财物，没有获得不正当利益的，不是行贿。只有获得了不正当利益的，才按行贿追究。

三是与国家工作人员约定，以满足自己的要求为条件给予国家工作人员以财物。

四是在国家工作人员利用职务上的便利为自己谋取利益时或者为自己谋取利益之后，给予国家工作人员以财物，作为职务行为的报酬。

上述行为须达到一定数额和情节才能构成犯罪。如果未达到法定的数额和情节的，属于一般行贿违法行为。

有下列情形之一的，从重处罚：（1）多次行贿或者向多人行贿的；（2）国家工作人员行贿的；（3）在国家重点工程、重大项目中行贿的；（4）为谋取职务、职级晋升、调整行贿的；（5）对监察、行政执法、司法工作人员行贿的；（6）在生态环境、财政金融、安全生产、食品药品、防灾救灾、社会保障、教育、医疗等领域行贿，实施违法犯罪活动的；（7）将违法所得用于行贿的。

行贿人在被追诉前主动交待行贿行为的，可以从轻或者减轻处罚。其中，犯罪较轻的，对调查突破、侦破重大案件起关键作用的，或者有重大立功表现的，可以减轻或者免除处罚。

3. 主体要件：本罪的主体是一般主体。即行为人是达到刑事责任年龄，具备刑事责任能力的自然人。

4. 主观方面要件：本罪在主观方面表现为直接故意。即行为人明知自己给予国家工作人员以财物的行为侵犯了国家工作人员职务行为的不可收买性，但为了利用对方的职务行为或职权、地位形成的便利条件，为了谋取不正当利益，而故意行贿。行贿的目的，在于使国家工作人员或其他从事公务的人员利用其职务上的便利为自己谋取不正当利益。

移送审查起诉标准

根据刑法和司法解释规定，被调查人涉嫌行贿犯罪，具有下列情形之一的，经调查认为犯罪事实清楚，证据确实、充分的，应当依法移送人民检察院审查起诉。

1. 为谋取不正当利益，向国家工作人员行贿，数额在 3 万元以上的；

2. 行贿数额在 1 万元以上不满 3 万元，具有下列情形之一的：

（1）向 3 人以上行贿的；

（2）将违法所得用于行贿的；

（3）通过行贿谋取职务提拔、调整的；

（4）向负有食品、药品、安全生产、环境保护等监督管理职责的国家工作人员行贿，实施非法活动的；

（5）向司法工作人员行贿，影响司法公正的；

（6）造成经济损失数额在 50 万元以上不满 100 万元的。

7. 对有影响力的人行贿罪

对有影响力的人行贿罪，是指为谋取不正当利益，向国家工作人员的近亲属或者其他与该国家工作人员关系密切的人，或者向离职的国家工作人员或者其近亲属以及其他与其关系密切的人行贿的行为。(参见刑法第 390 条之一)

学习提示

对有影响力的人行贿罪，是围猎公职人员及其亲属的常见犯罪，严重侵害国家工作人员职务的廉洁性。公职人员的亲属往往最有可能对公职人员行使权力产生影响，最容易成为不法分子围猎的对象，进而腐蚀公权力。实践中，必须坚决斩断“围猎”之手，让行贿人付出沉重代价。

罪名简释

1. 客体要件：本罪侵犯的客体为国家工作人员的职务廉洁性。本罪的犯罪对象为国家工作人员的近亲属或者其他与该国家工作人员关系密切的人，或者离职的国家工作人员或者其近亲属以及其他与其关系密切的人。

2. 客观方面要件：本罪的客观方面表现为 3 种行为方式：第一，向国家工作人员的近亲属或者其他与该国家工作人员关系密切的人行贿的行为；第二，向离职的国家工作人员行贿的行为；第三，向离职的国家工作人员的近亲属以及其他与其关系密切的人行贿的行为。

3. 主体要件：本罪的主体为一般主体，凡年满 16 周岁，具备刑事责任能力的自然人和单位都能构成。

4. 主观方面要件：本罪的主观方面为故意，并且具有谋取不正当利益的目的。

移送审查起诉标准

根据刑法和司法解释规定，被调查人涉嫌对有影响力的人行贿犯罪，具有下列情形之一的，经调查认为犯罪事实清楚，证据确实、充分的，应当依法移送人民检察院审查起诉。

1. 为谋取不正当利益，向国家工作人员的近亲属或者其他与该国家工作人员关系密切的人，或者向离职的国家工作人员或者其近亲属以及其他与其关系密切的人行贿，数额在3万元以上的；

2. 行贿数额在1万元以上不满3万元，具有下列情形之一的：

（1）向3人以上行贿的；

（2）将违法所得用于行贿的；

（3）通过行贿谋取职务提拔、调整的；

（4）向负有食品、药品、安全生产、环境保护等监督管理职责的国家工作人员行贿，实施非法活动的；

（5）向司法工作人员行贿，影响司法公正的；

（6）造成经济损失数额在50万元以上不满100万元的。

8. 对单位行贿罪

对单位行贿罪，是指为谋取不正当利益，给予国家机关、国有公司、企业、事业单位、人民团体以财物，或者在经济往来中，违反国家规定，给予上述单位各种名义的回扣、手续费的行为。(参见刑法第 391 条)

学习提示

对单位行贿罪是不法分子围猎、收买国家机关、国有公司、企业、事业单位、人民团体的常见犯罪，严重损害国家机关正常管理秩序和公职人员的职务廉洁性，容易诱使国家机关滥用权力，损害国家和人民利益，损害党和政府的形象，应当受到刑法打击。

罪名简释

1. 客体要件：本罪侵犯的客体是国家机关、国有公司、企业、事业单位、人民团体等国有单位的正常管理活动。行贿的对象必须是国家机关、国有公司、企业、事业单位、人民团体，向非国家机关、国有公司、企业、事业单位、人民团体给予财物的，不能构成对单位行贿罪。

2. 客观方面要件：本罪的客观方面有2种具体表现形式：一是给予国家机关、国有公司、企业、事业单位、人民团体以财物。二是在经济往来中，违反国家规定，给予国家机关、国有公司、企业、事业单位、人民团体各种名义的回扣、手续费。

3. 主体要件：本罪的主体既可以是自然人，也可以是单位。即任何已满16周岁的具有刑事责任能力的自然人和任何所有制性质的单位都能成为本罪的主体。

4. 主观方面要件：本罪的主观方面表现为直接故意，且以谋取不正当利益为目的。至于谋取的不正当利益是归个人，还是归单位以及谋取的不正当利益是否得到，均不影响本罪的成立。

移送审查起诉标准

根据刑法和司法解释规定，被调查人涉嫌对单位行贿犯罪，具有下列情形之一的，经调查认为犯罪事实清楚，证据确实、充分的，应当依法移送人民检察院审查起诉。

1. 个人行贿数额在 10 万元以上、单位行贿数额在 20 万元以上的；

2. 个人行贿数额不满 10 万元、单位行贿数额在 10 万元以上不满 20 万元，但具有下列情形之一的：

（1）为谋取非法利益而行贿的；

（2）向 3 个以上单位行贿的；

（3）向党政机关、司法机关、行政执法机关行贿的；

（4）致使国家或者社会利益遭受重大损失的。

9. 介绍贿赂罪

介绍贿赂罪，是指向国家工作人员介绍贿赂，情节严重的行为。“介绍贿赂”是指在行贿人与受贿人之间沟通关系、撮合条件，使贿赂行为得以实现的行为。(参见刑法第392、93条)

学习提示

实践中，有时行贿人和受贿人之间并无交集，这种情况下，行受贿的实现往往通过“中间人”牵线搭桥。介绍贿赂罪是不法分子围猎公职人员的常见职务犯罪，作为“贿托”的介绍贿赂者因为种种理由，为权钱交易者牵线搭桥甚至传递贿赂财物，促成行贿和受贿，是导致腐败多发的重要因素，侵害国家机关管理活动和国家工作人员职务的廉洁性，应当受到刑事制裁。

罪名简释

1. 客体要件：本罪侵犯的客体是国家工作人员职务行为的廉洁性和职务行为的不可收买性，直接扰乱国家机关的正常工作秩序和正常管理的工作秩序。

2. 客观方面要件：本罪在客观方面表现为行为人在行贿人和受贿人之间进行联系、沟通关系、引荐、撮合，促使行贿与受贿得以实现的行为。介绍贿赂行为，只有情节严重的才构成犯罪。

3. 主体要件：本罪的犯罪主体是一般主体，即达到刑事责任年龄，具备刑事责任能力的自然人实施介绍贿赂行为，均可构成本罪犯罪主体。

4. 主观方面要件：本罪在犯罪主观方面表现为故意，其故意的内容是促成行贿、受贿双方建立贿赂关系，并希望这种结果发生。如果行贿人、受贿人之间没有建立贿赂关系，不影响本罪的成立。

移送审查起诉标准

根据刑法和司法解释规定，被调查人涉嫌介绍贿赂犯罪，具有下列情形之一的，经调查认为犯罪事实清楚，证据确实、充分的，应当依法移送人民检察院审查起诉。

1. 介绍个人向国家工作人员行贿，数额在2万元以上的；介绍单位向国家工作人员行贿，数额在20万元以上的；

2. 介绍贿赂数额不满上述标准，但具有下列情形之一的：

（1）为使行贿人获取非法利益而介绍贿赂的；

（2）3次以上或者为3人以上介绍贿赂的；

（3）向党政领导、司法工作人员、行政执法人员介绍贿赂的；

（4）致使国家或者社会利益遭受重大损失的。

（注：2016年最高人民法院、最高人民检察院出台的司法解释修改了行贿、受贿的刑事处罚标准，个人行贿数额起点从过去的1万元提高到3万元，特殊情况下是1万元。编者认为，执法和司法实践中，对介绍贿赂犯罪追诉，也可参考这一标准，介绍个人行贿的数额宜按行贿罪数额标准的二倍执行。）

10. 单位行贿罪

单位行贿罪，是指单位为谋取不正当利益而行贿，或者违反国家规定，给予国家工作人员以回扣、手续费，情节严重的行为。（参见刑法第393、389、390条）

学习提示

单位行贿罪从本质上讲是有组织地围猎公职人员，更具有杀伤力和迷惑性，容易将公职人员拉入腐败泥潭，进而滥用职权、损害国家和人民利益，既侵害公司、企业、事业单位、机关、团体的正常管理活动和声誉，也损害党和政府的形象和声誉，应当受到刑法打击。

罪名简释

1. 客体要件：本罪侵犯的客体，主要是国家机关、公司、企业、事业单位和团体的正常管理活动和职能活动及声誉。本罪的犯罪对象只能是国家工作人员。

2. 客观方面要件：本罪在客观方面表现为公司、企业、事业单位、机关、团体为了谋取不正当利益，给予国家工作人员以财物，数额较大的，或者违反国家规定，给予上述人员以“回扣”“手续费”，情节严重的行为。实践中常见的单位行贿行为主要有：(1) 经单位研究决定的由有关人员实施的行贿行为；(2) 经单位主管人员批准，由有关人员实施的行贿行为；(3) 单位主管人员以法定代表人的身份实施的行贿行为。根据刑法的有关规定，行贿行为的违法所得必须归单位所有，如果归个人所有，应以自然人的行贿罪论处。

3. 主体要件：本罪的主体是单位。所谓“单位”，包括公司、企业、事业单位、机关、团体。与单位受贿罪不同，并不仅仅局限于国有公司、企业、事业单位、机关、团体，还包括集体所有制企业、中外合作企业、有限公司、外资公司、私营公司等。

4. 主观方面要件：本罪在主观方面表现为直接故意，并且具有为本单位谋取不正当利益的目的。

移送审查起诉标准

根据刑法和司法解释规定，被调查人涉嫌单位行贿犯罪，具有下列情形之一的，经调查认为犯罪事实清楚，证据确实、充分的，应当依法移送人民检察院审查起诉。

1. 单位行贿数额在 20 万元以上的；

2. 单位行贿数额在 10 万元以上不满 20 万元，但具有下列情形之一的：

（1）为谋取非法利益而行贿的；

（2）向 3 人以上行贿的；

（3）向党政领导、司法工作人员、行政执法人员行贿的；

（4）致使国家或者社会利益遭受重大损失的。

11. 巨额财产来源不明罪

巨额财产来源不明罪，是指国家工作人员的财产、支出明显超过合法收入，差额巨大，本人不能说明其来源是合法的行为。(参见刑法第 395 条第 1 款、第 93 条)

学习提示

规定巨额财产来源不明罪的目的是严密法网，使司法机关易于证明犯罪而使腐败分子难以逃避裁判。当官发财应当两道，公职人员既然选择了为人民服务，就要廉洁奉公，只能在法律和政策允许的范围内获得财产。巨额财产来源不明的，侵害公职人员的职务廉洁性，应当受到刑法打击。

罪名简释

1. 客体要件：本罪侵犯的客体是复杂客体，即国家工作人员职务行为的廉洁性和公私财物的所有权。

2. 客观方面要件：本罪在客观方面表现为国家工作人员的财产或支出明显超过合法收入，且差额巨大，本人不能说明其合法来源。

3. 主体要件：本罪的主体是特殊主体，即国家工作人员。非国家工作人员不能成为本罪主体。

4. 主观方面要件：本罪在主观上是故意，即行为人明知财产不合法而故意占有，案发后又故意拒不说明财产的真正来源，或者有意编造财产来源的合法途径。

移送审查起诉标准

根据刑法和司法解释规定，被调查人涉嫌巨额财产来源不明犯罪，差额数额在30万元以上的，经调查认为犯罪事实清楚，证据确实、充分的，应当依法移送人民检察院审查起诉。

12. 隐瞒境外存款罪

隐瞒境外存款罪，是指国家工作人员违反国家规定，故意隐瞒不报在境外的存款，数额较大的行为。(参见刑法第395条第2款、第93条)

学习提示

依照规定如实申报境外存款，是领导干部、公职人员应尽的义务。故意隐瞒不报在境外的存款，侵害公职人员职务廉洁性，妨害国家机关的管理秩序，损害党和国家的形象，应当受到刑法打击。需要注意的是，完全不报和故意少报漏报都属于隐瞒不报。对隐瞒境外存款的处理，主要是针对主观方面故意且系直接故意的情况，即行为人明知根据国家规定，其负有如实申报境外存款的义务，却故意隐瞒。

罪名简释

1. 客体要件：本罪侵犯的客体是复杂客体，即国家的廉政制度和国家的外汇管理制度。本罪的犯罪对象是“境外存款”。

2. 客观方面要件：本罪在客观方面表现为国家工作人员在境外的存款依照国家规定应当申报而隐瞒不报，且数额较大的行为。本罪必须以违反国家规定的国家工作人员申报境外存款的特定义务为前提；如果没有向国家申报境外存款的义务，则不构成犯罪。

3. 主体要件：本罪的主体是特殊主体，即只能由国家工作人员构成。

4. 主观方面要件：本罪在主观上是故意，即行为人明知自己的境外存款应当申报而故意隐瞒不报。

移送审查起诉标准

根据刑法和司法解释规定，被调查人涉嫌隐瞒境外存款犯罪，数额折合人民币在 30 万元以上的，经调查认为犯罪事实清楚，证据确实、充分的，应当依法移送人民检察院审查起诉。

13. 私分国有资产罪

私分国有资产罪，是指国家机关、国有公司、企业、事业单位、人民团体，违反国家规定，以单位名义将国有资产集体私分给个人，数额较大的行为。(参见刑法第396条第1款)

学习提示

私分国有资产罪是国家机关、国有公司、企业、事业单位、人民团体损公肥私的典型犯罪，侵害国有资产的管理制度及其所有权，造成国有资产的大量流失，严重扰乱和破坏社会主义市场经济秩序，损害党和政府的形象，应当受到刑法打击。

罪名简释

1. 客体要件：本罪所侵犯的客体为国有资产的管理制度及其所有权。

2. 客观方面要件：本罪在客观方面表现为国家机关、国有公司、企业、事业单位、人民团体，违反国家规定，以单位名义将国有资产集体私分给个人，数额较大。这里所谓数额较大，原则上应理解为集体私分国有资产的总额较大，而非指每一个人所分数额较大。换言之，由于单位职工众多，因而按人头私分的结果，每一个人所分数额即便并不大，但私分总额大者，仍应成立这里的数额较大。

3. 主体要件：本罪的主体为特殊主体，即国家机关、国有公司、企业、事业单位、人民团体。本罪为单位犯罪，根据法律规定只处罚私分国有资产的直接负责的主管人员和其他直接责任人员。

4. 主观方面要件：本罪的主观方面为故意，且具有非法占有国有资产的目的。即行为人明知是国家规定不应分给个人的国家资产，单位领导人或者单位决策机构经过集体讨论作出决定，私分给个人。

移送审查起诉标准

根据刑法和司法解释规定，被调查人涉嫌私分国有资产犯罪，累计数额在10万元以上的，经调查认为犯罪事实清楚，证据确实、充分的，应当依法移送人民检察院审查起诉。

14. 私分罚没财物罪

私分罚没财物罪，是指司法机关、行政执法机关违反国家规定，将应当上缴国家的罚没财物，以单位名义集体私分给个人的行为。(参见刑法第396条第2款)

学习提示

罚没，一般是指司法机关、行政执法机关等强制违法者缴纳一定数额的钱款和没收其财物。为规范和加强罚没财物管理，防止国家财产损失，保护自然人、法人和非法人组织的合法权益，2020年12月，财政部制定印发《罚没财物管理办法》(财税〔2020〕54号)，对罚没财物移交、保管、处置、收入上缴、预算管理等作出明确规定。私分罚没财物罪是司法机关、行政执法机关执法犯法、损公肥私的典型犯罪，侵害公职人员职务廉洁性和国家财产所有权，损害党和政府的形象，应当受到刑事制裁。

罪名简释

1. 客体要件：本罪侵犯的客体是职责的廉洁性和国家对罚没财物的管理制度及国有财产的所有权。

2. 客观方面要件：本罪在客观方面表现为行为人违反国家规定，将应当上缴国家的罚没财物以单位名义集体私分的行为。

3. 主体要件：本罪主体是单位，即司法机关、行政执法机关。司法机关即人民法院、人民检察院、公安机关、国家安全机关等。行政执法机关即海关、市场管理机关、税务机关、卫生检查机关、商检部门、生态环境保护部门等。监察机关也构成本罪的主体。本罪主体既可以是法人单位，也可以是非法人单位。虽然司法机关、行政执法机关本身一般均为依法设立的法人机构，但其派出机构往往没有独立法人资格，但由于其符合刑法上的“单位”的条件，且也属于司法机关或行政执法机关，因而此类机构自身原则上应当能够成立私分罚没财物罪犯罪主体，例如公安派出所、各级林业管理部门的派出管理机构等。

4. 主观方面要件：本罪在主观方面表现为故意，

即行为人明知应按国家规定按时、足额上缴罚没财物，仍然实施私分罚没财物的故意行为。

移送审查起诉标准

根据刑法和司法解释规定，被调查人涉嫌私分罚没财物犯罪，累计数额在 10 万元以上的，经调查认为犯罪事实清楚，证据确实、充分的，应当依法移送人民检察院审查起诉。

15. 职务侵占罪

职务侵占罪，是指公司、企业或者其他单位的工作人员，利用职务上的便利，将本单位财物非法占为己有，数额较大的行为。(参见刑法第 271 条、第 183 条第 1 款)

学习提示

职务侵占罪是公司、企业或者其他单位的工作人员损公肥私、化公为私的常见犯罪，侵害职务廉洁性和公司、企业或者其他单位的财产所有权，扰乱社会主义市场经济管理秩序，应当受到刑法打击。《中华人民共和国刑法修正案（十一)》（以下简称《刑法修正案（十一)》）施行后，职务侵占罪的量刑从原来的两档变为三档，原来“可以并处没收财产”的附加刑被取消，同时增设了罚金刑。

罪名简释

1. 客体要件：本罪的犯罪客体是公司、企业或者其他单位的财产所有权。

职务侵占罪侵犯的对象是公司、企业或者其他单位的财物，包括动产和不动产。

2. 客观方面要件：本罪在客观方面表现为利用职务上的便利，侵占本单位财物，数额较大的行为。

3. 主体要件：本罪主体为特殊主体，包括公司、企业或者其他单位不具有国家工作人员身份的人员。凡具有国家工作人员身份的人员，利用职务或者工作上的便利，侵占本单位的财物的，不能成为本罪的主体，应依照刑法第382条、第383条关于贪污罪的规定处罚。

4. 主观方面要件：本罪在丰观方面是直接故意，且具有非法占有公司、企业或其他单位财物的目的。

移送审查起诉标准

根据刑法和司法解释规定，被调查人涉嫌职务侵占犯罪，数额达到3万元以上的，经调查认为犯罪事实清楚，证据确实、充分的，应当依法移送人民检察院审查起诉。

16. 挪用资金罪

挪用资金罪，是指公司、企业或者其他单位的工作人员，利用职务上的便利，挪用本单位资金归个人使用或者借贷给他人，数额较大、超过3个月未还的，或者虽未超过3个月，但数额较大、进行营利活动的，或者进行非法活动的行为。（参见刑法第272条第1款、第185条第1款）

学习提示

挪用资金罪是公司、企业或者其他单位的工作人员以权谋私的典型表现，侵害公司、企业或者其他单位资金的使用收益权，扰乱社会主义市场经济管理秩序，应当受到刑事制裁。《刑法修正案（十一）》对本罪作了调整，加大了刑罚力度。

罪名简释

1. 客体要件：本罪所侵害的客体是公司、企业或者其他单位资金的使用收益权。本罪的犯罪对象是本单位的资金。所谓本单位的资金，是指由单位所有或实际控制使用的一切以货币形式表现出来的财产。

2. 客观方面要件：挪用资金罪在客观方面包含以下 3 种行为：

（1）挪用本单位资金归个人使用或者借贷给他人，数额较大、超过 3 个月未还的。这是较轻的一种挪用行为。

（2）挪用本单位资金归个人使用或者借贷给他人，虽未超过 3 个月，但数额较大、进行营利活动的。这种行为没有挪用时间是否超过 3 个月以及超过 3 个月是否退还的限制，只要数额较大，且进行营利活动，即构成本罪。

（3）挪用本单位资金进行非法活动的。这种行为没有挪用时间是否超过 3 个月以及超过 3 个月是否退还的限制，也没有数额较大的限制，只要挪用本单位资金进行了非法活动，就构成了本罪。

行为人只要具备上述 3 种行为中的一种就可以构

成本罪，而不需要同时具备。

3. 主体要件：本罪的主体为特殊主体，即公司、企业或者其他单位的工作人员。具有国家工作人员身份的人，不能成为本罪的主体，只能成为挪用公款罪的主体。

4. 主观方面要件：本罪在主观方面只能出于故意，即行为人明知自己在挪用或借贷本单位资金，并且利用了职务上的便利，而仍故意为之。

移送审查起诉标准

根据刑法和司法解释规定，被调查人涉嫌挪用资金犯罪，具有下列情形之一的，经调查认为犯罪事实清楚，证据确实、充分的，应当依法移送人民检察院审查起诉。

1. 挪用本单位资金数额在5万元以上，超过3个月未还的；

2. 挪用本单位资金数额在5万元以上，进行营利活动的；

3. 挪用本单位资金数额在3万元以上，进行非法活动的。

17. 对外国公职人员、国际公共组织官员行贿罪

对外国公职人员、国际公共组织官员行贿罪，是指为谋取不正当商业利益，给予外国公职人员或者国际公共组织官员以财物的行为。（参见刑法第164条第2款）

学习提示

贿赂外国公职人员、国际公共组织官员是当前国际社会面临的一种新型腐败犯罪，也为《联合国反腐败公约》所明确禁止。向外国公职人员、国际公共组织官员行贿会损害正常的国际商业活动秩序，进而影响中国的商业利益，同时也会影响中国的国际形象。因此，对外国公职人员、国际公共组织官员行贿的，必须依法予以刑事制裁，彰显我国加强反腐败国际合作的坚定决心。

罪名简释

1. 客体要件：外国公职人员、国际公共组织官员的职务廉洁性不应成为我国刑法所保护的法益，因此，本罪的客体是单一客体，即国家对公司、企业的管理秩序。

2. 客观方面要件：本罪在客观方面表现为为谋取不正当商业利益，给予外国公职人员或者国际公共组织官员以财物的行为。

3. 主体要件：本罪的主体是一般主体，包括自然人和单位。无论是具有中国国籍的自然人或单位，还是外国国籍的自然人或单位，只要其实施对外国公职人员、国际公共组织官员行贿之行为，又在我国刑事管辖的范围内，均可以成为本罪的主体。

4. 主观方面要件：本罪主观方面是故意，且为具备特定目的之目的犯，即行为人为谋取不正当商业利益而实施贿赂行为。

移送审查起诉标准

根据刑法和司法解释规定，被调查人涉嫌对外国公职人员、国际公共组织官员行贿犯罪，个人行贿数额在 3 万元以上，或者单位行贿数额在 20 万元以上的，经调查认为犯罪事实清楚，证据确实、充分的，应当依法移送人民检察院审查起诉。

18. 非国家工作人员受贿罪

非国家工作人员受贿罪，是指公司、企业或者其他单位的工作人员，利用职务上的便利，索取他人财物或者非法收受他人财物，为他人谋取利益，数额较大的行为。（参见刑法第 163 条、第 184 条第 1 款）

学习提示

在我国经济社会发展中，公司、企业以及教育、科研、医疗、体育、出版等单位的工作人员利用职务上的便利，索贿受贿搞腐败的，也必须依法予以刑事制裁。《刑法修正案（十一）》调整了“非国家工作人员受贿罪”的刑罚配置，量刑标准上不再仅以数额为标准，进一步增加了情节要素，即如果犯罪数额未达到标准则可依据情节提升量刑档次进而加重刑罚；量刑幅度上，最高刑提高至无期徒刑，惩罚力度加强，更有利于实现罪刑相适应。

罪名简释

1. 客体要件：本罪侵犯的客体是国家对公司、企业以及其他单位的工作人员职务活动的管理制度。

2. 客观方面要件：本罪在客观方面表现为利用职务上的便利，索取他人财物或非法收受他人财物，为他人谋取利益，数额较大的行为。

此外，根据刑法第163条第2款规定，公司、企业或者其他单位的工作人员在经济往来中，利用职务上的便利，违反国家规定，收受各种名义的回扣、手续费，归个人所有的，应以非国家工作人员受贿罪论处。

3. 主体要件：本罪的犯罪主体是特殊主体，即公司、企业或者其他单位的工作人员。在国有公司、企业、其他国有单位中从事公务的人员和国有公司、企业、其他国有单位委派到非国有公司、企业以及其他单位从事公务的人员利用职务上的便利受贿的，不成立非国家工作人员受贿罪，而应依照刑法第385、386条受贿罪处罚。

4. 主观方面要件：主观方面表现为故意，即公司、企业、其他单位人员故意利用其职务之便接受或索取贿赂，为他人谋取利益。

移送审查起诉标准

根据刑法和司法解释规定，被调查人涉嫌非国家工作人员受贿犯罪，受贿数额在 3 万元以上的，经调查认为犯罪事实清楚，证据确实、充分的，应当依法移送人民检察院审查起诉。

19. 对非国家工作人员行贿罪

对非国家工作人员行贿罪，是指为谋取不正当利益，给予公司、企业或者其他单位的工作人员以财物，数额较大的行为。（参见刑法第164条第1款）

学习提示

对公司、企业或者其他单位人员行贿行为违背市场经济诚实信用原则，严重挫伤合法经营者的积极性，损害公司、企业或者其他单位的正常管理秩序和市场竞争秩序，必须依法予以刑事制裁。需要说明的是，行贿与受贿是比较典型的对合性犯罪，这种对合性特点决定了调查受贿犯罪必然涉及对行贿犯罪的调查。因此，监察机关在管辖这个罪名时，一定要看行贿对象是否为公职人员。

罪名简释

1. 客体要件：本罪侵犯的是复杂客体，即国家对公司、企业或者其他单位的正常管理秩序和市场竞争秩序。

2. 客观方面要件：本罪在客观方面表现为为谋取不正当利益，给予公司、企业或者其他单位的工作人员以财物，并且数额较大的行为。支付回扣、手续费是本罪客观方面的主要表现形式。

3. 主体要件：本罪的主体是一般主体。既可以是国家工作人员，也可以是一般公民；既可以是自然人，也可以是企事业单位、机关、团体等法人；既可以是中国公民，也可以是外国人。单位犯本罪的，对单位判处罚金，并对其直接负责的主管人员和其他直接责任人员追究刑事责任。

4. 主观方面要件：本罪主观上为故意，并具有谋取不正当利益的目的。行贿的目的在于使公司、企业或者其他单位的工作人员利用职务上的便利为自己谋取不正当利益。至于谋取的是个人还是单位的不正当利益，所谋求的不正当利益是否实现，均不影响行贿罪的成立。

移送审查起诉标准

根据刑法和司法解释规定，被调查人涉嫌对非国家工作人员行贿犯罪，个人行贿数额在 3 万元以上，或者单位行贿数额在 20 万元以上的，经调查认为犯罪事实清楚，证据确实、充分的，应当依法移送人民检察院审查起诉。

二、滥用职权类犯罪

根据《中华人民共和国监察法实施条例》第 27 条、第 52 条的规定，滥用职权类犯罪共包含 21 个罪名，具体包括 3 类。

第一类是监察机关专属管辖的 11 个罪名：国有公司、企业、事业单位人员滥用职权罪，滥用管理公司、证券职权罪，食品、药品监管渎职罪，报复陷害罪，阻碍解救被拐卖、绑架妇女、儿童罪，帮助犯罪分子逃避处罚罪，违法发放林木采伐许可证罪，办理偷越国（边）境人员出入境证件罪，放行偷越国（边）境人员罪，非法剥夺公民宗教信仰自由罪，侵犯少数民族风俗习惯罪。

第二类是监察机关与公安机关共同管辖的 3 个罪名：打击报复会计、统计人员罪，挪用特定款物罪，故意泄露国家秘密罪。

第三类是监察机关与检察机关共同管辖的 7 个罪名：滥用职权罪，非法拘禁罪，虐待被监管人罪，非法搜查罪，刑讯逼供罪，暴力取证罪，执行判决、裁定滥用职权罪。

20. 国有公司、企业、事业单位人员滥用职权罪

国有公司、企业、事业单位人员滥用职权罪，是指国有公司、企业的工作人员，由于滥用职权，造成国有公司、企业破产或者严重损失，致使国家利益遭受重大损失，以及国有事业单位的工作人员由于滥用职权，致使国家利益遭受重大损失的行为。(参见刑法第168条)

学习提示

国有公司、企业在社会经济生活中发挥着重要作用，事业单位是从事公共事务管理服务的重要组织，国有公司、企业、事业单位的工作人员滥用职权，必然给国家和人民利益造成重大损失，是严重破坏社会主义市场经济秩序的渎职行为，必须依法予以刑事制裁。

罪名简释

1. 客体要件：本罪侵犯的客体是国有公司、企业财产权益和社会主义市场经济秩序以及事业单位的正常管理秩序。

2. 客观方面要件：本罪在客观上表现为国有公司、企业的工作人员由于滥用职权，造成国有公司、企业破产或者严重损失，致使国家利益遭受重大损失，以及国有事业单位的工作人员由于滥用职权，致使国家利益遭受重大损失的行为。主要有以下具体表现，不尊重客观经济规律，对市场需求不作可行性分析和论证，不听取各方面意见，独断专行，致使企业经营或者公共服务事项决策发生重大失误；管理混乱，规章制度不健全，对于损公肥私，化公为私，侵吞、侵占、私分、挪用公司、企业、事业单位财产的违法犯罪现象置若罔闻；在经济交往活动中由于种种原因上当受骗后，不主动及时向司法机关报案；违反规定动用企业、事业单位资金炒股票、期货；违反规定批准拆借资金等。

本罪属结果犯，滥用职权的行为，只有造成国有公司、企业破产或者严重损失，或者其他情形，致使国家利益遭受重大损失时，才构成犯罪。

3. 主体要件：本罪的主体为特殊主体，即国有公司、企业、事业单位的工作人员，其他主体不构成本罪。

4. 主观方面要件：本罪在主观方面表现为故意，行为人明知自己滥用职权的行为会发生致使国家利益遭受重大损失的结果，并且希望或者放任这种结果发生。从实践来看，对危害结果持间接故意的情况比较多见。至于行为人是为了自己的利益滥用职权，还是为了他人利益滥用职权，则不影响本罪的成立。

移送审查起诉标准

根据刑法和司法解释规定，被调查人涉嫌国有公司、企业、事业单位人员滥用职权犯罪，具有下列情形之一的，经调查认为犯罪事实清楚，证据确实、充分的，应当依法移送人民检察院审查起诉。

1. 造成国家直接经济损失数额在30万元以上的；

2. 造成有关单位破产，停业、停产6个月以上，或者被吊销许可证和营业执照、责令关闭、撤销、解散的；

3. 其他致使国家利益遭受重大损失的情形。

21. 滥用管理公司、证券职权罪

滥用管理公司、证券职权罪，是指国家有关主管部门的国家机关工作人员，徇私舞弊，滥用职权，对不符合法律规定条件的公司设立、登记申请或者股票、债券发行、上市申请，予以批准或者登记，致使公共财产、国家和人民利益遭受重大损失的行为。(参见刑法第403条)

学习提示

公司设立审批、登记和股票、债券发行、上市审批，是国家机关管理服务市场经济活动的重要手段，负责审批或登记职责的国家机关工作人员，必须严格依法办事，按照法定条件进行审批或登记，保障国家对公司的正常监管活动，维护社会经济秩序，促进经济建设的顺利发展。徇私舞弊，滥用管理公司、证券职权，必将破坏国家对公司的正常监管活动，使公共财产、国家和人民利益遭受重大损失，必须依法予以刑事制裁。

罪名简释

1. 客体要件：本罪侵犯的客体是公司设立审批、登记机关和股票、债券发行、上市审批机关的正常活动。

2. 客观方面要件：本罪在客观方面表现为国家有关主管部门的工作人员徇私舞弊、滥用职权，对不符合法律规定条件的公司设立、登记申请或者股票、债券发行、上市申请，予以批准或者登记，致使公共财产、国家和人民利益遭受重大损失的行为。

3. 主体要件：本罪的主体是国家有关主管部门的工作人员。根据刑法的规定，主要包括2类人员。

一是国家有关主管部门的国家机关工作人员。根据《中华人民共和国公司法》（以下简称《公司法》）等的规定，包括以下几类人员：

（1）法律、行政法规规定的审批有限责任公司设立的国家机关的国家工作人员；

（2）审批股份有限公司设立的国务院授权的部门或者省级人民政府中的国家工作人员；

（3）审批以募股方式设立股份有限公司的国务院证券管理部门中的国家工作人员；

（4）公司设立的登记机关的国家工作人员，一般是指市场监督管理机关中的国家工作人员；

（5）审批股票发行的国务院授权部门或者省级人民政府，或者国务院证券管理部门中的国家工作人员；

（6）审批股票上市的国务院或者证券管理部门中的国家工作人员；

（7）审批债券发行的国务院证券管理部门中的国家工作人员。

二是主管部门的上级部门的主管人员。根据刑法第403条第2款规定，上级部门强令登记机关及其工作人员实施前款行为的，对其直接负责的主管人员，依照前款的规定处罚。这里所称的“上级部门”，是广义的上级部门，它既包括登记机关，即工商行政管理部门的上级领导管理部门，也包括市场监督管理机关以外的对市场监督管理机关负有领导责任的部门。同时这里所说的上级部门，不仅仅是指上级部门的负责人，也包括在上级部门工作的具体工作人员，即直接负责的主管人员。至于强令，则是指上级部门明知公司设立、登记申请或股票、债券发行、上市申请不符合法律规定的条件而却指使、命令、要求登记机关及其工作人员非法予以批准或登记。

4. *主观方面要件*：本罪在主观方面，必须是出于故意，即行为人对公司的设立、登记申请或者股票、债券发行、上市申请不符合法定条件是明知的，对非法批准、登记可能会造成公共财产、国家和人民利益遭受重大损失的结果持放任态度。

移送审查起诉标准

根据刑法和司法解释规定，被调查人涉嫌滥用管理公司、证券职权犯罪，具有下列情形之一的，经调查认为犯罪事实清楚，证据确实、充分的，应当依法移送人民检察院审查起诉。

1. 造成直接经济损失50万元以上的；

2. 工商管理部门的工作人员对不符合法律规定条件的公司设立、登记申请，违法予以批准、登记，严重扰乱市场秩序的；

3. 金融证券管理机构工作人员对不符合法律规定条件的股票、债券发行、上市申请，违法予以批准，严重损害公众利益，或者严重扰乱金融秩序的；

4. 工商管理部门、金融证券管理机构的工作人员对不符合法律规定条件的公司设立、登记申请或者股票、债券发行、上市申请违法予以批准或者登记，致使犯罪行为得逞的；

5. 上级部门、当地政府直接负责的主管人员强令登记机关及其工作人员，对不符合法律规定条件的公司设立、登记申请或者股票、债券发行、上市申请予以批准或者登记，致使公共财产、国家或者人民利益遭受重大损失的；

6. 其他致使公共财产、国家和人民利益遭受重大损失的情形。

22. 食品、药品监管渎职罪

食品、药品监管渎职罪，是负有食品、药品安全监督管理职责的国家机关工作人员，滥用职权或者玩忽职守，造成严重后果或者有其他严重情节的行为。(参见刑法第408条之一)

学习提示

食品、药品安全涉及人民群众生命健康安全，关系千家万户。2011年《中华人民共和国刑法修正案（八)》，增加第408条之一，为“食品监管渎职罪”；2020年12月审议通过的《刑法修正案（十一)》，对该条进行了修正，进一步完善对食品、药品领域监管职责，细化食品药品渎职犯罪情形，增强可操作性和适用性。2021年2月27日，最高人民法院、最高人民检察院公布了《最高人民法院、最高人民检察院关于执行〈中华人民共和国刑法〉确定罪名的补充规定（七)》，根据该规定，“食品、药品监管渎职罪”正式入刑。

罪名简释

1. 客体要件：本罪侵犯的客体是食品药品安全监管机关的正常监管活动。同时侵犯公共和个人的合法权益。

2. 客观方面要件：本罪的客观方面表现为，负有食品药品安全监管职责的相关工作人员滥用职权或者玩忽职守，具有刑法规定的情形，造成严重后果或者有其他严重情节的行为。具体而言，本罪的渎职行为可分为滥用职权行为和玩忽职守行为2种类型。食品药品安全监管机关工作人员滥用职权的行为，是指不依法行使食品药品安全监管职务上的权力的行为，既包括非法地行使本人职务范围内的权力，也包括超越本人职权范围而实施的有关行为。食品药品安全监管玩忽职守的行为，是指严重不负责任，不履行职责或者不正确履行职责的行为，如擅离职守、马虎行事、搪塞敷衍等。食品药品安全监管机关工作人员滥用职权或者玩忽职守的行为主要包括以下5种情形：（1）瞒报、谎报食品安全事故、药品安全事件的；（2）对发现的严重食品药品安全违法行为未按规定查处的；（3）在药品和特殊食品审批审评过程中，对不符合条件的申请准予许可的；(4) 依法应当移交司法机关追究刑事责任不移交的；(5) 有其他滥用职权或者玩忽职守行为的。

构成本罪须达到造成严重后果或者有其他严重情节。如发生重大食品、药品安全事故，有其他严重情节即与“严重后果”的严重程度相当的情形。

3. 主体要件：本罪的犯罪主体是特殊主体，即负有食品药品安全监督管理职责的国家机关工作人员。

4. 主观方面要件：本罪的主观方面可能是故意，也可能是过失。即行为人明知自己不正确行使职权、超越职权或者严重不负责任不履行、不正确履行食品药品安全监督管理职责会造成严重后果或者影响，而希望或放任这一结果发生，或者应当预见自己的行为可能造成严重危害后果，因为疏忽大意而没有预见，或者已经预见而轻信能够避免，以致发生这种结果。无论行为人对危害结果是否预见，其对自己不正确行使职权、超越职权或者严重不负责任不履行、不正确履行食品药品安全监督管理职责均是明知故犯。

移送审查起诉标准

目前，对于食品、药品监管渎职罪中所规定的

“造成严重后果或者有其他严重情节”，尚没有明确的司法解释。我们认为，食品、药品监管渎职罪是刑法规定的特殊渎职罪，在移诉标准上可以参考滥用职权罪和玩忽职守罪的入罪标准。对被调查人涉嫌食品、药品监管渎职犯罪，经调查认为犯罪事实清楚，证据确实、充分的，应当依法移送人民检察院审查起诉。

23. 报复陷害罪

报复陷害罪，是指国家机关工作人员滥用职权、假公济私，对控告人、申诉人、批评人、举报人实行报复陷害的行为。（参见刑法第254条）

学习提示

我国宪法规定，公民对于任何国家机关和国家工作人员，有提出批评和建议的权利；对于任何国家机关和国家工作人员的违法失职行为，有向有关国家机关提出申诉、控告或者检举的权利。对于公民的申诉、控告或者检举，有关国家机关必须查清事实，负责处理。任何人不得压制和打击报复。对国家机关工作人员滥用职权、假公济私，对控告人、申诉人、批评人、举报人实行报复陷害的行为，必须依法予以刑事制裁。

罪名简释

1. 客体要件：本罪侵犯的客体是公民的民主权利和国家机关的正常活动。本罪侵害的对象，只限于控告人、申诉人、批评人、举报人这4类人。

2. 客观方面要件：本罪在客观方面表现为滥用职权、假公济私，对控告人、申诉人、批评人、举报人实行报复陷害的行为。报复陷害的方式多种多样，如制造种种理由或借口，非法克扣工资、奖金，或开除公职、党籍，或降职、降薪，或压制学术、技术职称的评定等。如果所采取的报复陷害行为与行为人的职权没有关系，则不构成本罪。

3. 主体要件：本罪的主体是特殊主体，即国家机关工作人员。

4. 主观方面要件：本罪在主观方面表现为直接故意，并且具有报复陷害他人的目的。

移送审查起诉标准

根据刑法和司法解释规定，被调查人涉嫌报复陷害犯罪，具有下列情形之一的，经调查认为犯罪事实清楚，证据确实、充分的，应当依法移送人民检察院审查起诉。

1. 报复陷害，情节严重，导致控告人、申诉人、批评人、举报人或者其近亲属自杀、自残造成重伤、死亡或者精神失常的；

2. 致使控告人、申诉人、批评人、举报人或者其近亲属的其他合法权利受到严重损害的；

3. 其他报复陷害应予追究刑事责任的情形。

24. 阻碍解救被拐卖、绑架妇女、儿童罪

阻碍解救被拐卖、绑架妇女、儿童罪，是指负有解救职责的国家机关工作人员利用职务阻碍解救被拐卖、绑架的妇女、儿童的行为。(参见刑法第416条第2款)

学习提示

依法维护、保护人民群众特别是被拐卖、绑架妇女、儿童的人身权、生命权等合法权益，是党和政府义不容辞的责任，负有解救职责的国家机关工作人员更要积极依法履行职责，对利用职务阻碍解救被拐卖、绑架的妇女、儿童的，妨害国家机关正常管理活动的渎职行为，必须依法予以刑事制裁。

罪名简释

1. 客体要件：本罪所侵害的客体为复杂客体，既侵犯了国家机关及其工作人员的信誉，而且还侵犯了被拐卖、绑架妇女、儿童的人身权利。

2. 客观方面要件：本罪在客观方面表现为利用职务阻碍解救被拐卖、绑架的妇女、儿童的行为。

“阻碍解救”中“阻碍”的行为多种多样，如向犯罪分子通风报信，泄露解救的执行人员、时间、步骤等消息；在他人要求解除收买人与被收买人之间非法形成的婚姻、收养关系时，宣布这种关系“合法”予以维护；对要求解救的被拐卖、绑架的妇女、儿童及其亲属进行威胁、蒙骗，令其不得报案，要求解救；责令被拐卖、绑架的妇女、儿童与买主共同生活；向上级部门或要求提供协助的其他执行解救公务的国家工作人员提供虚假的情况或拒绝提供或隐瞒情况；利用自己知道内情的便利为他人如何阻碍解救出谋划策等。

本罪客观行为可以表现为作为，也可以表现为不作为。本罪不要求有具体的危害后果，只要负有解救职责的国家机关工作人员利用职务实施了阻碍解救的行为，无论是否得逞，是否造成严重后果，均构成本罪。

3. 主体要件：本罪的主体是特殊主体，即负有解救被拐卖、绑架的妇女、儿童职责的国家机关工作人员。国家机关工作人员的范围是非常宽泛的，但只有那些负有特定的解救职责的国家机关工作人员，才可能成为本罪的主体。根据有关法律规定，各级人民政府对被拐卖、绑架的妇女、儿童有解救职责，解救职责由公安机关会同有关部门执行。具体指各级人民政府、公安、检察、法院、民政、妇联等部门中主管、分管和直接参与解救工作的国家工作人员。

4. 主观方面要件：本罪在主观方面表现为故意且必须是直接故意。如只是认识到自己行为可能阻碍解救被拐卖的妇女、儿童，但主观上并不希望发生这种结果的，不构成本罪，导致严重后果的，以玩忽职守罪论处。

移送审查起诉标准

根据刑法和司法解释规定，被调查人涉嫌阻碍解救被拐卖、绑架妇女、儿童犯罪，具有下列情形之一的，经调查认为犯罪事实清楚，证据确实、充分的，应当依法移送人民检察院审查起诉。

1. 利用职权，禁止、阻止或者妨碍有关部门、人员解救被拐卖、绑架的妇女、儿童的；

2. 利用职务上的便利，向拐卖、绑架者或者收买者通风报信，妨碍解救工作正常进行的；

3. 其他利用职务阻碍解救被拐卖、绑架的妇女、儿童应予追究刑事责任的情形。

25. 帮助犯罪分子逃避处罚罪

帮助犯罪分子逃避处罚罪，是指有查禁犯罪活动职责的国家机关工作人员，向犯罪分子通风报信、提供便利，帮助犯罪分子逃避处罚的行为。（参见刑法第417条）

学习提示

依法打击犯罪，维护国家安全、社会稳定和人民群众生命财产安全，是党和政府的义务和责任，负有查禁犯罪活动职责的国家机关工作人员应当依法履职，忠诚履职，对是非不分，向犯罪分子通风报信、提供便利，帮助犯罪分子逃避处罚，严重损害国家机关的威信，妨害国家机关正常活动的渎职行为，必须依法予以刑事制裁。

罪名简释

1. 客体要件：本罪侵犯的客体是国家机关的威信和正常活动。本罪的犯罪对象必须是犯罪分子，其中包括犯罪之后，潜逃在外，尚未抓获的犯罪分子，也包括尚未被司法机关发觉的犯罪分子。

2. 客观方面要件：本罪在客观方面表现为有查禁犯罪活动职责的国家机关工作人员，向犯罪分子通风报信、提供便利，帮助犯罪分子逃避处罚的行为。

行为人实施上述行为必须是利用其查禁犯罪活动的职责便利，不论行为的结果如何，只要行为人利用其查禁犯罪活动的职责便利条件，实施了向犯罪分子通风报信、提供便利，帮助犯罪分子逃避处罚的行为，即构成犯罪。

3. 主体要件：本罪的主体为特殊主体，只能是负有查禁犯罪活动职能的国家机关工作人员，非上述人员不能构成帮助犯罪分子逃避处罚罪主体。

4. 主观方面要件：本罪在主观方面表现为故意，即要求行为人必须出于故意才能构成。至于行为人主观上出于何种动机，是出于恻隐之心还是基于亲朋关系等，不影响罪名成立。

移送审查起诉标准

根据刑法和司法解释规定，被调查人涉嫌帮助犯罪分子逃避处罚犯罪，具有下列情形之一的，经调查认为犯罪事实清楚，证据确实、充分的，应当依法移送人民检察院审查起诉。

1. 向犯罪分子泄漏有关部门查禁犯罪活动的部署、人员、措施、时间、地点等情况的；

2. 向犯罪分子提供钱物、交通工具、通讯设备、隐藏处所等便利条件的；

3. 向犯罪分子泄漏案情的；

4. 帮助、示意犯罪分子隐匿、毁灭、伪造证据，或者串供、翻供的；

5. 其他帮助犯罪分子逃避处罚应予追究刑事责任的情形。

26. 违法发放林木采伐许可证罪

违法发放林木采伐许可证罪，是指林业主管部门的工作人员违反森林法的规定，超过批准的年采伐限额发放林木采伐许可证或者违反规定滥发林木采伐许可证，情节严重，致使森林遭受严重破坏的行为。（参见刑法第407条）

学习提示

林木是重要的自然资源，与国计民生、工农业生产关系十分密切。国家对森林的采伐实行限额采伐的保护性措施，以保护森林的再生能力。采伐林木必须严格按照国家审批限额予以采伐，同时必须申请林木采伐许可证并对之实行统一管理。林业主管部门的工作人员应当严格依法履职，对违反森林法的规定，超过批准的年采伐限额发放林木采伐许可证或者违反规定滥发林木采伐许可证，侵害国家林木采伐管理秩序的行为，必须依法予以刑事制裁。

罪名简释

1. 客体要件：本罪侵害的客体是国家的林业管理制度，具体是指国家审核发放林木采伐许可证部门对许可证的正常管理活动。

2. 客观方面要件：本罪在客观方面表现为违反森林法的规定，超过批准的年采伐限额发放林木采伐许可证或者违反规定滥发林木采伐许可证，情节严重的行为。

滥用职权、滥发林木采伐许可证的行为，必须情节严重，致使森林遭受严重破坏的，才构成本罪。

3. 主体要件：本罪的主体是特殊主体，即林业主管部门的工作人员，其他部门的工作人员不能构成违法发放林木采伐许可证罪。

4. 主观方面要件：本罪在主观方面是故意。即行为人对违反森林法规定，超发、滥发林木采伐许可证，可能造成森林遭受严重破坏的结果，持希望或者放任的主观态度。

移送审查起诉标准

根据刑法和司法解释规定，被调查人涉嫌违法发放林木采伐许可证犯罪，具有下列情形之一的，经调查认为犯罪事实清楚，证据确实、充分的，应当依法移送人民检察院审查起诉。

1. 发放林木采伐许可证允许采伐数量累计超过批准的年采伐限额，导致林木被超限额采伐 10 立方米以上的；

2. 滥发林木采伐许可证，导致林木被滥伐 20 立方米以上，或者导致幼树被滥伐 1000 株以上的；

3. 滥发林木采伐许可证，导致防护林、特种用途林被滥伐 5 立方米以上，或者幼树被滥伐 200 株以上的；

4. 滥发林木采伐许可证，导致珍贵树木或者国家重点保护的其他树木被滥伐的；

5. 滥发林木采伐许可证，导致国家禁止采伐的林木被采伐的；

6. 其他情节严重，致使森林遭受严重破坏的情形。

27. 办理偷越国（边）境人员出入境证件罪

办理偷越国（边）境人员出入境证件罪，是指负责办理护照、签证以及其他出入境证件的国家机关工作人员，对明知是企图偷越国（边）境的人员，予以办理出入境证件的行为。（参见刑法第 415 条）

学习提示

国家对出入境人员实行严格的管理制度，对维护国家的主权、安全和社会秩序，保护公民出入境的正当权益，促进国际交往，有着十分重要的意义。出入境管理人员应当依法认真履职，违反职责，对明知是企图偷越国（边）境的人员，予以办理出入境证件，侵害国家的出入国（边）境管理制度，给国家安全和社会管理秩序造成严重损害，对这一渎职行为，必须依法予以刑事制裁。

罪名简释

1. 客体要件：本罪侵犯的客体是国家的出入境管理制度。《中华人民共和国出境入境管理法》明确规定了我国的出入境管理制度和出入境管理人员的职责。

2. 客观方面要件：本罪在客观方面表现为在办理护照、签证以及其他出入境证件的过程中，对明知是企图偷越国（边）境的人员，予以办理出入境证件的行为。构成本罪，须利用职务上的便利。所谓利用职务，是指利用自己职务范围内的权力以及地位形成的便利条件。如果没有利用职务，就不可能构成本罪，构成犯罪的，应以他罪如伪造国家机关证件罪等论处。

3. 主体要件：本罪的主体要件为特殊主体，只能由负责办理护照、签证以及其他出入境证件的国家机关工作人员构成，如外交、外事、公安等有关的人员。

4. 主观方面要件：本罪在主观方面是故意犯罪，即明知他人是企图偷越国（边）境的人员而故意给其办理出入境证件。构成本罪须以明知为要件，过失不构成本罪。如果因工作不负责任、疏忽大意、审查不严等原因而错误地为企图偷越国（边）境人员办理了出入境证件，造成严重后果的，应当按玩忽职守罪论处。本罪不要求必须以营利为目的。其动机各种各样，有的可能是出于私利，有的是出于亲友情面等。

移送审查起诉标准

根据刑法和司法解释规定，被调查人对明知是企图偷越国（边）境的人员而予以办理出入境证件的，就涉嫌办理偷越国（边）境人员出入境证件犯罪，经调查认为犯罪事实清楚，证据确实、充分的，应当依法移送人民检察院审查起诉。

28. 放行偷越国（边）境人员罪

放行偷越国（边）境人员罪，是指边防、海关等国家机关工作人员，对明知是偷越国（边）境的人员，予以放行的行为。（参见刑法第415条）

学习提示

边防、海关是进出境的监督管理机关，承担着维护国家安全和利益的重要职责。边防、海关人员应当依法履行职责，对进出境人员严格进行证件查验，对未持有护照等出入境证件，持无效出入境证件，持伪造、涂改、冒用的出入境证件或拒绝交付出入境证件的人员有权不予放行，这既是权力，更是法定职责。对边防、海关等国家机关工作人员不认真履行职责，对明知是偷越国（边）境的人员私自放行的渎职行为，必须依法予以刑事制裁。

罪名简释

1. 客体要件：本罪侵犯的客体是国家的边防或海关的正常活动。

2. 客观方面要件：本罪在客观方面表现为利用职务之便，非法放行他人偷越国（边）境的行为。所谓利用职务之便，是指利用主管、经管、经手办理护照、签证或负责审查、核对护照、签证等出入境证件的职务之便。如果国家工作人员没有利用职务之便，而以其他方法帮助他人偷越国（边）境的，应按偷越国（边）境罪的共犯论处。

3. 主体要件：本罪的主体要件为特殊主体，即边防、海关等国家机关工作人员。

4. 主观方面要件：本罪在主观方面是故意犯罪，即明知是偷越国（边）境的人员，而故意予以放行。本罪不要求必须以营利为目的。其动机是各种各样，有的可能是出于私利，有的是出于亲友情面等。过失不构成本罪。

移送审查起诉标准

根据刑法和司法解释规定，被调查人在履行职务过程中，对明知是偷越国（边）境的人员而予以放行的，就涉嫌放行偷越国（边）境人员犯罪，经调查认为犯罪事实清楚，证据确实、充分的，应当依法移送人民检察院审查起诉。

29. 非法剥夺公民宗教信仰自由罪

非法剥夺公民宗教信仰自由罪，是指国家机关工作人员非法剥夺公民的宗教信仰自由，情节严重的行为。(参见刑法第 251 条)

学习提示

宪法规定，中华人民共和国公民有宗教信仰自由。任何国家机关、社会团体和个人不得强制公民信仰宗教或者不信仰宗教，不得歧视信仰宗教的公民和不信仰宗教的公民。宗教信仰自由包括信仰宗教的自由与不信仰宗教的自由，信仰这种宗教的自由和信仰那种宗教的自由，进行正当的宗教活动的自由，等等。国家机关工作人员应当尊重和依法保护公民的宗教信仰自由，对非法剥夺公民的正当的宗教信仰自由，情节严重的，必须依法予以刑事制裁。

罪名简释

1. 客体要件：本罪侵犯的客体是公民的宗教信仰自由权利。

2. 客观方面要件：本罪在客观方面表现为非法剥夺公民的宗教信仰自由，行为方式主要有以下几种：(1) 以暴力、胁迫或其他非法手段干涉他人宗教信仰自由；(2) 封闭或破坏宗教场所及必要设施；(3) 禁止或扰乱正当的宗教活动；(4) 对信仰宗教的公民进行威胁、打击、迫害；(5) 非法撤销合法的宗教组织，非法剥夺教职人员在各宗教团体的领导下履行宗教职务的权利，非法阻挠、禁止宗教刊物的发行或者勒令停办宗教院校等；(6) 以语言、文字、图案等方式侮辱宗教或宗教团体的行为，也可构成非法剥夺宗教信仰自由的犯罪；(7) 其他剥夺宗教信仰自由的行为造成严重后果或恶劣影响的。

构成本罪，必须达到情节严重的后果。如造成公民人身伤害；给被害人的精神造成伤害，严重影响其正常的宗教活动和日常生活的；造成有关宗教场所、设施等重大毁坏，财产损失严重的；引起教徒骚乱、民族纠纷等社会矛盾，社会影响恶劣的；引起被害人家庭解体、自杀或其他严重后果；等等。

3. 主体要件：本罪主体是特殊主体，即构成本罪的人必须是国家机关工作人员。

4. 主观方面要件：本罪在主观方面表现为故意，即明知他人有宗教信仰自由权利而故意非法予以剥夺。

移送审查起诉标准

根据刑法规定，被调查人非法剥夺公民宗教信仰自由，情节严重的构成犯罪。情节严重，一般是指非法剥夺宗教信仰自由的手段恶劣，造成被害人精神失常或自杀等严重后果的情况。经调查认为犯罪事实清楚，证据确实、充分的，应当依法移送人民检察院审查起诉。

30. 侵犯少数民族风俗习惯罪

侵犯少数民族风俗习惯罪，是指国家机关工作人员以强制手段侵犯少数民族风俗习惯，情节严重的行为。（参见刑法第251条）

学习提示

少数民族风俗习惯，是指少数民族在长期的历史发展中形成的，在服饰、饮食、婚嫁、丧葬、礼仪等方面的习惯做法。我国宪法规定，各民族"都有保持或者改革自己的风俗习惯的自由"。国家机关工作人员以强制手段侵犯少数民族风俗习惯，情节严重的，必须依法予以刑事制裁。

罪名简释

1. 客体要件：本罪侵犯的客体是少数民族的信仰自由，犯罪对象是少数民族风俗习惯。

2. 客观方面要件：本罪在客观上表现为以强制手段非法干涉、破坏少数民族风俗习惯的行为。干涉、破坏的形式表现为使用暴力、胁迫、利用权势、运用行政措施等。从内容上看，主要表现为强迫少数民族公民改变自己的风俗习惯，干涉或破坏少数民族根据自己的风俗习惯所进行的正当行动。

根据刑法规定，国家机关工作人员侵犯少数民族风俗习惯，情节严重的，才构成本罪。情节严重主要是指手段恶劣、后果严重、政治影响坏等。

3. 主体要件：本罪主体为特殊主体，为国家机关工作人员。

4. 主观方面要件：本罪主观上必须是故意。行为人明知自己的行为会发生侵犯少数民族保持与改革本民族风俗习惯的危害结果，并且希望或者放任这种结果的发生。犯罪的动机如何，不影响本罪的成立。

移送审查起诉标准

根据刑法规定，被调查人侵犯少数民族风俗习惯，情节严重的构成犯罪。情节严重，一般是指手段恶劣、后果严重、政治影响坏等，如多次或多人侵犯、手段恶劣、引起民族纠纷、民族矛盾的，产生恶劣的政治影响的。经调查认为犯罪事实清楚，证据确实、充分的，应当依法移送人民检察院审查起诉。

31. 打击报复会计、统计人员罪

打击报复会计、统计人员罪，是指公司、企业、事业单位、机关、团体的领导人，对依法履行职责、抵制违反会计法、统计法行为的会计、统计人员实行打击报复，情节恶劣的行为。(参见刑法第 255 条)

学习提示

建立严格完善的会计、统计制度，是发展国民经济的重要保证。会计、统计机构和人员应当严格依法履行职责，有权抵制违反会计法、统计法的行为。任何人不能对会计、统计人员的抵制行为进行打击报复，侵犯国家的经济管理制度和会计、统计人员的人身权利。对打击报复会计、统计人员，情节恶劣的，必须依法予以刑事制裁。

罪名简释

1. 客体要件：本罪侵犯的客体是双重客体，既侵犯了会计、统计人员的人身权利，又侵犯了国家会计、统计管理制度。本罪的侵害对象为会计人员和统计人员。

2. 客观方面要件：本罪在客观方面表现为公司、企业、事业单位、机关、团体的领导人，对依法履行职责，抵制违反会计法、统计法行为的会计、统计人员实行打击报复，情节恶劣的行为。

打击报复会计、统计人员的行为方式是多种多样的，常见的形式主要是利用职权篡改人事档案，出具假政审材料，克扣工资、奖金，罚款，停止工作、降职降级、压制晋级晋职，开除党籍、开除公职，调离原工作岗位，在大小会议上进行批判、斗争、羞辱，编造材料报送公安机关对其进行行政拘留、行政处罚，等等。总之，既可以是对有关的会计、统计人员进行肉体、精神上的摧残、迫害，也可以是对其在经济上进行制裁，还可以是政治上的迫害。

根据刑法规定，公司、企业、事业单位、机关、团体的领导人，对依法履行职责、抵制违反会计法、统计法行为的会计、统计人员实行打击报复，情节恶劣的，才构成打击报复会计、统计人员罪。

3. 主体要件：本罪的主体为特殊主体，仅限于公司、企业、事业单位、机关、团体的领导人。其他人员不构成本罪。

4. 主观方面要件：本罪在主观方面表现为故意，并且具有打击报复的目的。

移送审查起诉标准

根据刑法规定，被调查人打击报复会计、统计人员，情节恶劣的构成犯罪。所谓情节恶劣，一般是指下列情形：

1. 打击报复致使被害人的人身权利、民主权利或者其他权利受到损害的；

2. 打击报复手段恶劣的；

3. 打击报复致使人精神失常或者自杀的；

4. 打击报复造成其他严重后果的。

经调查认为犯罪事实清楚，证据确实、充分的，应当依法移送人民检察院审查起诉。

32. 挪用特定款物罪

挪用特定款物罪，是指违反特定款物专用的财经管理制度，挪用用于救灾、抢险、防汛、优抚、扶贫、移民、救济款物，情节严重，致使国家和人民群众利益遭受重大损害的行为。(参见刑法第 273 条)

学习提示

救灾、抢险、防汛、优抚、扶贫、移民、救济等特定款物，是党和政府帮助人民群众战胜自然灾害，解决生活困难，恢复再生产能力的重要物资保障，决不允许任意挪用，必须做到专款专物专门使用。挪用特定款物，严重侵害了国家关于特定款物专门使用的财经管理制度，损害了国家和人民群众的利益，必须依法予以刑事制裁。

罪名简释

1. 客体要件：本罪侵犯的客体是国家关于特定款物专门使用的财经管理制度。本罪侵犯的对象，只能是国家用于救灾、抢险、防汛、优抚、扶贫、移民、救济的特定款物，既包括用于上述用途的由国家预算安排的民政事业费，又包括临时调拨的救灾、抢险、防汛等款物以及由国家募捐的救灾、救济款物。

2. 客观方面要件：本罪在客观方面表现为挪用用于救灾、抢险、防汛、优抚、扶贫、移民、救济款物，情节严重，致使国家和人民群众利益遭受重大损害的行为。

构成挪用特定款物罪，必须达到情节严重，并致使国家和人民群众利益遭受重大损害的危害后果，未达到情节严重并致使国家和人民群众利益遭受重大损害的危害后果的，不构成本罪。

3. 主体要件：本罪的主体是特殊主体，即对保管、分配和使用特定款物直接负责的主管人员和其他直接责任人员。

4. 主观方面要件：本罪在主观方面表现为故意。即明知是国家救灾、抢险、防汛、优抚、扶贫、移民、救济款物而故意挪用，过失不能构成本罪。

移送审查起诉标准

根据刑法和司法解释规定，被调查人涉嫌挪用特定款物犯罪，具有下列情形之一的，经调查认为犯罪事实清楚，证据确实、充分的，应当依法移送人民检察院审查起诉。

1. 挪用特定款物数额在5000元以上的；

2. 造成国家和人民群众直接经济损失数额在5万元以上的；

3. 虽未达到上述数额标准，但多次挪用特定款物的，或者造成人民群众的生产、生活严重困难的；

4. 严重损害国家声誉，或者造成恶劣社会影响的；

5. 其他致使国家和人民群众利益遭受重大损害的情形。

33. 故意泄露国家秘密罪

故意泄露国家秘密罪，是指国家机关工作人员违反保守国家保密法的规定，故意泄露国家秘密，情节严重的行为。（参见刑法第 398 条）

学习提示

保密工作是党和国家的一项特殊重要工作，直接关系国家安全、经济发展、社会稳定。2024 年 2 月，十四届全国人大常委会第八次会议通过了新修订的《中华人民共和国保守国家秘密法》；2024 年 7 月，修订后的《中华人民共和国保守国家秘密法实施条例》也随之正式公布，进一步健全了保密管理制度和监管措施。自觉遵守保密纪律是党员干部、公职人员的责任和义务，也是党纪国法的明确要求。任何泄露国家机密的行为，都会给国家的安全和人民的利益造成严重危害。对故意泄露国家秘密，危害国家安全和利益的行为，必须依法予以刑事制裁。

罪名简释

1. 客体要件：本罪侵犯的客体是国家的保密制度。本罪侵犯的对象是国家秘密。依照《中华人民共和国保守国家秘密法》的规定，国家秘密的密级分为“绝密”“机密”“秘密”三级。作为本罪对象的秘密，则只要是国家的秘密级的秘密即可。

2. 客观方面要件：本罪在客观方面，行为人必须具有违反国家保密法的规定，故意泄露国家秘密，情节严重的行为。

泄露国家秘密，必须是情节严重的，才构成犯罪。情节严重与否，则应从泄露国家秘密的密级程度、泄露的次数、时间、后果、目的、动机以及行为人泄露后的前后表现、态度等全方面地进行分析，综合地加以判断。

3. 主体要件：本罪的主体一般情况下为特殊主体，只有国家机关工作人员才能构成本罪，因为通常情况只有国家机关工作人员才能掌握、了解国家秘密，非国家机关工作人员也可构成本罪，但性质上不属于渎职罪，为方便起见刑法在条文中作统一规定，予以定罪处罚。

4. 主观方面要件：本罪在主观方面表现为故意，过失不能构成本罪。

移送审查起诉标准

根据刑法和司法解释规定，被调查人涉嫌故意泄露国家秘密犯罪，具有下列情形之一的，经调查认为犯罪事实清楚，证据确实、充分的，应当依法移送人民检察院审查起诉。

1. 泄露绝密级国家秘密1项（件）以上的；

2. 泄露机密级国家秘密2项（件）以上的；

3. 泄露秘密级国家秘密3项（件）以上的；

4. 向非境外机构、组织、人员泄露国家秘密，造成或者可能造成危害社会稳定、经济发展、国防安全或者其他严重危害后果的；

5. 通过口头、书面或者网络等方式向公众散布、传播国家秘密的；

6. 利用职权指使或者强迫他人违反国家保守秘密法的规定泄露国家秘密的；

7. 以牟取私利为目的泄露国家秘密的；

8. 其他情节严重的情形。

34. 滥用职权罪

滥用职权罪，是指国家机关工作人员故意逾越职权，不按或违反法律决定，处理其无权决定、处理的事项，或者违反规定处理公务，致使公共财产、国家和人民利益遭受重大损失的行为。(参见刑法第 397 条)

学习提示

权力是公器。广大党员干部、公职人员要牢记手中的权力是党和人民赋予的，要习惯在受监督和约束的环境中工作生活，不断强化依规依纪依法履职用权理念。对国家机关工作人员故意逾越职权，滥用权力，给国家、集体和人民利益造成严重损害，危害国家机关正常活动的渎职行为，必须依法予以刑事制裁。

罪名简释

1. 客体要件：本罪侵犯的客体是国家机关的正常活动。本罪侵犯的对象可以是公共财产或者公民的人身及其财产。

2. 客观方面要件：本罪客观方面表现为滥用职权，致使公共财产、国家和人民利益遭受重大损失的行为。滥用职权的行为主要表现为以下几种情况：一是超越职权，擅自决定或处理没有具体决定、处理权限的事项；二是玩弄职权，随心所欲地对事项作出决定或者处理；三是故意不履行应当履行的职责，或者说任意放弃职责；四是以权谋私、假公济私，不正确地履行职责。滥用职权的行为，必须致使公共财产、国家和人民利益造成重大损失的结果时，才构成犯罪。

3. 主体要件：本罪主体是国家机关工作人员，是指在国家机关从事公务的人员。包括在国家权力机关、行政机关、监察机关、审判机关、检察机关、军事机关等国家机关中从事公务的人员；依照法律、法规规定行使国家行政管理职权的组织中从事公务的人员；受国家机关委托代表国家机关行使职权的组织中从事公务的人员；虽未列入国家机关人员编制，但在国家机关中从事公务的人员，在代表国家机关行使职权时，视为国家机关工作人员。在乡镇以上党的机关和政协机关中依法从事公务的人员，视作国家机关工作人员。

4. *主观方面要件*：本罪在主观方面表现为故意，行为人明知自己滥用职权的行为会发生致使公共财产、国家和人民利益遭受重大损失的结果，并且希望或者放任这种结果发生。从实践来看，对危害结果持间接故意的情况比较多见。至于行为人是为了自己的利益滥用职权，还是为了他人利益滥用职权，则不影响本罪的成立。

移送审查起诉标准

根据刑法和司法解释规定，被调查人涉嫌滥用职权犯罪，具有下列情形之一的，应当认定为刑法第397条规定的“致使公共财产、国家和人民利益遭受重大损失”，经调查认为犯罪事实清楚，证据确实、充分的，应当依法移送人民检察院审查起诉。

1. 造成死亡1人以上，或者重伤3人以上，或者轻伤9人以上，或者重伤2人、轻伤3人以上，或者重伤1人、轻伤6人以上的；

2. 造成经济损失30万元以上的；

3. 造成恶劣社会影响的；

4. 其他致使公共财产、国家和人民利益遭受重大损失的情形。

35. 非法拘禁罪

非法拘禁罪，是指以拘押、禁闭或者其他强制方法，非法剥夺他人人身自由的行为。（参见刑法第238、234、232条）

学习提示

非法拘禁是一种严重剥夺公民人身自由的行为。我国宪法第37条规定：“中华人民共和国公民的人身自由不受侵犯。任何公民，非经人民检察院批准或者决定或者人民法院决定，并由公安机关执行，不受逮捕。禁止非法拘禁和以其他方法非法剥夺或者限制公民的人身自由，禁止非法搜查公民的身体。”对以拘押、禁闭或者其他强制方法，非法剥夺他人人身自由的，必须依法予以刑事制裁。

罪名简释

1. 客体要件：本罪侵犯的客体是他人的身体自由权。本罪侵害的对象，是依法享有人身权利的任何自然人，包括一切自然人（即基于自然规律而出生的人），即无辜公民、犯错误的人、有一般违法行为的人和犯罪嫌疑人。

2. 客观方面要件：本罪客观上表现为非法剥夺他人身体自由的行为。这里的“他人”没有限制，既可以是守法公民，也可以是犯有错误或有一般违法行为的人，还可以是犯罪嫌疑人。行为的特征是非法拘禁他人或者以其他方法非法剥夺他人的身体自由。剥夺人身自由的方法既可以是有形的，也可以是无形的。无论是以暴力、胁迫方法拘禁他人，还是以欺诈方法拘禁他人，均不影响本罪的成立。

非法剥夺人身自由是一种持续行为，即该行为在一定时间内处于继续状态，使他人在一定时间内失去身体自由，不具有间断性。时间持续的长短不影响本罪的成立，只影响量刑。但时间过短、瞬间性的剥夺人身自由的行为，则难以认定成立本罪。

剥夺人身自由的行为必须是非法的。司法机关根据法律规定，对于有犯罪事实和重大嫌疑的人采取拘留、逮捕等限制人身自由的强制措施的行为，不成立本罪。

3. 主体要件：本罪的主体既可以是国家工作人员，也可以是一般公民。从实际发生的案件来看，多为掌握一定职权的国家工作人员或农村基层干部。对公职人员实施的非法拘禁罪，由监察机关或者检察机关管辖，其他人员实施的非法拘禁罪，由公安机关管辖。

4. 主观方面要件：本罪在主观方面表现为故意，并以剥夺他人人身自由为目的。过失不构成本罪。

移送审查起诉标准

根据刑法和司法解释规定，被调查人涉嫌非法拘禁犯罪，具有下列情形之一的，经调查认为犯罪事实清楚，证据确实、充分的，应当依法移送人民检察院审查起诉。

1. 非法剥夺他人人身自由 24 小时以上的；

2. 非法剥夺他人人身自由，并使用械具或者捆绑等恶劣手段，或者实施殴打、侮辱、虐待行为的；

3. 非法拘禁，造成被拘禁人轻伤、重伤、死亡的；

4. 非法拘禁，情节严重，导致被拘禁人自杀、自残造成重伤、死亡，或者精神失常的；

5. 非法拘禁3人次以上的；

6. 司法工作人员对明知是没有违法犯罪事实的人而非法拘禁的；

7. 其他非法拘禁应予追究刑事责任的情形。

36. 虐待被监管人罪

虐待被监管人罪，是指监狱、拘留所、看守所等监管机构的监管人员对被监管人进行殴打或者体罚虐待，情节严重的行为。（参见刑法第 248 条）

学习提示

公民的人身权利受法律保护，即便是被监管人员，也禁止对其进行体罚虐待。监狱、拘留所、看守所等监管机构的监管人员应当依法履行职责，保护被监管人员的人身权、生命权，维护监管机关的正常活动。对被监管人进行殴打或者体罚虐待，情节严重的，必须依法予以刑事制裁。

罪名简释

1. 客体要件：本罪侵犯的客体是复杂客体，即被监管人的人身权利和监管机关的正常活动。

2. 客观方面要件：本罪在客观方面表现为违反监管法规，对被监管人进行殴打或者体罚虐待，情节严重的行为。殴打，是指造成被监管人肉体上的暂时痛苦的行为。体罚虐待，是指殴打以外的，能够对被监管人肉体或精神进行摧残或折磨的一切方法，如罚趴、罚跑、罚晒、罚冻、罚饿、辱骂，强迫超体力劳动，不让睡觉，不给水喝等手段。需要指出的是，本罪中的殴打、体罚虐待，不要求具有一贯性，一次性殴打、体罚虐待情节严重的，就足以构成犯罪。

殴打、体罚虐待被监管人的行为只有在情节严重时才构成犯罪。

3. 主体要件：本罪的主体是特殊主体，即监狱、拘留所、看守所等监管机构的监管人员。

4. 主观方面要件：本罪在主观方面表现为故意，过失不能构成本罪，即监管人员对其实施的体罚虐待及违反监管法规的行为是故意。犯罪目的一般是为了压服被监管人。犯罪动机各种各样，有的是为泄愤报复，有的是逞威逞能等。不管出于何种动机，都不影响犯罪成立。但是，犯罪动机是否恶劣，可作为量刑轻重的情节考虑。

移送审查起诉标准

根据刑法和司法解释规定，被调查人涉嫌虐待被监管人犯罪，具有下列情形之一的，经调查认为犯罪事实清楚，证据确实、充分的，应当依法移送人民检察院审查起诉。

1. 以殴打、捆绑、违法使用械具等恶劣手段虐待被监管人的；

2. 以较长时间冻、饿、晒、烤等手段虐待被监管人，严重损害其身体健康的；

3. 虐待造成被监管人轻伤、重伤、死亡的；

4. 虐待被监管人，情节严重，导致被监管人自杀、自残造成重伤、死亡，或者精神失常的；

5. 殴打或者体罚虐待 3 人次以上的；

6. 指使被监管人殴打、体罚虐待其他被监管人，具有上述情形之一的；

7. 其他情节严重的情形。

37. 非法搜查罪

非法搜查罪，是指非法对他人的身体或住宅进行搜查的行为。（参见刑法第245条）

学习提示

《中华人民共和国刑事诉讼法》（以下简称《刑事诉讼法》）规定，为了收集犯罪证据、查获犯罪人，侦查人员可以对犯罪嫌疑人以及可能隐藏罪犯或者犯罪证据的人的身体、物品、住处和其他有关的地方进行搜查。《监察法》赋予监察机关在调查职务犯罪时可以依法采取搜查措施的权限。宪法和《中华人民共和国民法典》等明确规定，公民的人身权和隐私权受法律保护，任何人不得侵犯。采取搜查措施时，应当注意现行法律法规及司法解释中关于搜查的有关要求。对违反法律规定或者没有法律依据，非法对他人的身体和住宅进行搜查，严重侵犯公民人身权、隐私权的，必须依法予以刑事制裁。

罪名简释

1. 客体要件：本罪侵犯的客体是他人的隐私权。所谓隐私权，是指自然人享有的住宅和个人生活不受侵扰，与社会无关的个人信息和个人事务不被不当披露的人格权，包括个人信息的控制权、个人生活的自由权和私人领域的占有权。

2. 客观方面要件：本罪在客观方面表现为非法搜查他人身体和住宅的行为，所谓搜查，是指搜索检查，既包括对他人身体的搜查，如摸索、掏翻等，又包括对他人住宅的搜查，如搜索、翻看、检查、挖掘等。

在实践中，非法搜查主要有3种情况：第一种是无搜查权的机关、团体、单位的工作人员或其他个人，为了寻找失物、有关人或达到其他目的而对他人的身体或住宅进行搜查的；第二种是有搜查权的人员，未经合法批准或授权，滥用权力，非法进行搜查的；第三种是有搜查权的机关和人员不按照法定的程序、手续进行搜查的。具备上述之一的就属于非法搜查。

3. 主体要件：本罪的主体是一般主体。凡达到刑事责任年龄且具备刑事责任能力的自然人均能构成本罪，无论其是否是有搜查权的侦查人员、调查人员。有搜查权的侦查人员作为司法人员，其滥用职权，实施本行为，依照刑法第245条第2款的规定从重处罚。

4. 主观方面要件：本罪在主观方面表现为直接故意，不能由间接故意或者过失构成。

移送审查起诉标准

根据刑法和司法解释规定，被调查人涉嫌非法搜查犯罪，具有下列情形之一的，经调查认为犯罪事实清楚，证据确实、充分的，应当依法移送人民检察院审查起诉。

1. 非法搜查他人身体、住宅，并实施殴打、侮辱等行为的；

2. 非法搜查，情节严重，导致被搜查人或者其近亲属自杀、自残造成重伤、死亡，或者精神失常的；

3. 非法搜查，造成财物严重损坏的；

4. 非法搜查3人（户）次以上的；

5. 司法工作人员对明知是与涉嫌犯罪无关的人身、住宅非法搜查的；

6. 其他非法搜查应予追究刑事责任的情形。

38. 刑讯逼供罪

刑讯逼供罪，是指司法工作人员对犯罪嫌疑人、被告人使用肉刑或者变相肉刑逼取口供的行为。（参见刑法第247条）

学习提示

我国法律严格保护公民的人身权利，即使是被怀疑或者被指控犯有罪行而受审的人，也不允许非法侵犯其人身权利。司法工作人员应当依法行使侦查权、检察权和审判权，坚决禁止对犯罪嫌疑人、被告人使用肉刑或者变相肉刑逼取口供。对刑讯逼供，严重侵害公民的人身权利，严重破坏国家司法机关正常活动的犯罪行为，必须依法予以刑事制裁。

罪名简释

1. 客体要件：本罪侵犯的是复杂客体，即公民的人身权利和国家司法机关的正常活动。

本罪侵害的对象是犯罪嫌疑人和被告人。所谓犯罪嫌疑人，是指根据一定证据被怀疑可能是实施犯罪行为的人。所谓被告人，是指依法被控诉有罪，并由司法机关追究刑事责任的人。证人不能成为本罪侵害的对象，如果对他们刑讯逼供构成犯罪的，按暴力取证罪论处。

2. 客观方面要件：本罪在客观上表现为对犯罪嫌疑人、被告人使用肉刑或者变相肉刑逼取口供的行为。所谓肉刑，是指对被害人的肉体施行暴力，如吊打、捆绑、殴打以及其他折磨人的肉体的方法。所谓变相肉刑，是指对被害人使用非暴力的摧残和折磨，如冻、饿、烤、晒等。无论是使用肉刑还是变相肉刑，均可成立本罪。

3. 主体要件：本罪主体是特殊主体，即司法工作人员。刑讯逼供是行为人在刑事诉讼过程中，利用职权进行的一种犯罪活动，构成这种主体要件的只能是有权办理刑事案件的司法工作人员。

4. 主观方面要件：本罪在主观上只能是故意，并且具有逼取口供的目的。

移送审查起诉标准

根据刑法和司法解释规定，被调查人涉嫌刑讯逼供犯罪，具有下列情形之一的，经调查认为犯罪事实清楚，证据确实、充分的，应当依法移送人民检察院审查起诉。

1. 以殴打、捆绑、违法使用械具等恶劣手段逼取口供的；

2. 以较长时间冻、饿、晒、烤等手段逼取口供，严重损害犯罪嫌疑人、被告人身体健康的；

3. 刑讯逼供造成犯罪嫌疑人、被告人轻伤、重伤、死亡的；

4. 刑讯逼供，情节严重，导致犯罪嫌疑人、被告人自杀、自残造成重伤、死亡，或者精神失常的；

5. 刑讯逼供，造成错案的；

6. 刑讯逼供 3 人次以上的；

7. 纵容、授意、指使、强迫他人刑讯逼供，具有上述情形之一的；

8. 其他刑讯逼供应予追究刑事责任的情形。

39. 暴力取证罪

暴力取证罪，是指司法工作人员使用暴力逼取证人证言的行为。（参见刑法第 247、234、232 条）

学习提示

我国法律规定，证人有作证义务。但同时，法律也规定依法保护证人的权利，任何人不得侵犯证人的人身权、人格权等合法权利，不得对证人进行侮辱、诽谤及打击、报复。司法工作人员在司法活动中，应当依法维护证人合法权利。对使用暴力逼取证人证言，严重侵害公民的人身权利，严重破坏国家司法机关正常活动的犯罪行为，必须依法予以刑事制裁。

罪名简释

1. 客体要件：本罪侵犯的客体是公民的人身权利和国家司法机关的正常活动。本罪的犯罪对象为证人。

2. 客观方面要件：本罪在客观方面表现为司法工作人员使用暴力逼取证人证言的行为。所谓暴力，既包括捆绑悬吊、鞭抽棒打、电击水灌、火烧水烫等直接伤害证人人身使其遭受痛苦而被迫作证的肉刑，亦包括采取长时间罚站、不准睡觉、冻饿、曝晒等折磨证人身体、限制证人人身自由而迫其作证的变相肉刑。证人是当事人以外的了解案件情况并向司法机关进行陈述的诉讼参与人。其知道案件情况，还未向司法机关陈述，有关人员使用暴力欲逼取其证言，亦应视为本罪的证人。证人，有观点认为仅限于刑事诉讼中的证人。本书认为，其不仅包括刑事诉讼中的证人，而且还包括民事诉讼含经济纠纷的处理、行政诉讼中的证人，但不包括诉讼活动以外的证人，如仲裁活动、纪律检查机关、行政机关调查取证活动中的证人。逼取证人证言，致人伤残、死亡的，依照刑法第234条关于故意伤害罪、第232条关于故意杀人罪的规定，从重处罚。

3. 主体要件：本罪的主体为特殊主体，即司法工作人员，与刑讯逼供罪相同。

4. 主观方面要件：本罪在主观方面表现为直接故意，且具有明确的逼取证言的目的。

移送审查起诉标准

根据刑法和司法解释规定，被调查人涉嫌暴力取证犯罪，具有下列情形之一的，经调查认为犯罪事实清楚，证据确实、充分的，应当依法移送人民检察院审查起诉。

1. 以殴打、捆绑、违法使用械具等恶劣手段逼取证人证言的；

2. 暴力取证造成证人轻伤、重伤、死亡的；

3. 暴力取证，情节严重，导致证人自杀、自残造成重伤、死亡，或者精神失常的；

4. 暴力取证，造成错案的；

5. 暴力取证3人次以上的；

6. 纵容、授意、指使、强迫他人暴力取证，具有上述情形之一的；

7. 其他暴力取证应予追究刑事责任的情形。

40. 执行判决、裁定滥用职权罪

执行判决、裁定滥用职权罪，是指司法工作人员在执行判决、裁定活动中，滥用职权，不依法采取诉讼保全措施、不履行法定执行职责，或者违法采取诉讼保全措施、强制执行措施，致使当事人或者其他人的利益遭受重大损失的行为。(参见刑法第 399 条第 3 款)

学习提示

全面推进依法治国，必须坚持公正司法，努力让人民群众在每一个司法案件中感受到公平正义。司法公正对社会公正具有重要引领作用，司法不公对社会公正具有致命破坏作用。判决和裁定关系司法机关的威信和形象，关系诉讼当事人的切身利益，最能体现司法的公正和阳光。司法工作处在法治建设的前沿和一线，负有执行责任的司法工作人员如果滥用职权，损害人民群众合法权益和司法公正，必须依法予以刑事制裁。

罪名简释

1. 客体要件：本罪侵犯的客体是司法活动的公正性和司法机关的威信。

2. 客观方面要件：本罪的客观方面表现为在执行判决、裁定活动中，滥用职权，不依法采取诉讼保全措施、不履行法定执行职责，或者违法采取诉讼保全措施、强制执行措施，致使当事人或者其他人的利益遭受重大损失的行为。只有在执行活动中因滥用职权致使当事人或者其他人的利益遭受重大损失，才构成犯罪，否则不构成犯罪。

3. 主体要件：本罪的主体为特殊主体，即仅限于司法工作人员。

4. 主观方面要件：主观方面是故意，包括直接故意和间接故意。

移送审查起诉标准

根据刑法和司法解释规定，被调查人涉嫌执行判决、裁定滥用职权犯罪，具有下列情形之一的，经调查认为犯罪事实清楚，证据确实、充分的，应当依法移送人民检察院审查起诉。

1. 致使当事人或者其近亲属自杀、自残造成重伤、死亡，或者精神失常的；

2. 造成个人财产直接经济损失 10 万元以上，或者直接经济损失不满 10 万元，但间接经济损失 50 万元以上的；

3. 造成法人或者其他组织财产直接经济损失 20 万元以上，或者直接经济损失不满 20 万元，但间接经济损失 100 万元以上的；

4. 造成公司、企业等单位停业、停产 6 个月以上，或者破产的；

5. 其他致使当事人或者其他人的利益遭受重大损失的情形。

三、玩忽职守类犯罪

根据《中华人民共和国监察法实施条例》第 28、52 条的规定，玩忽职守类犯罪共包含 13 个罪名，具体包括 3 类。

第一类是监察机关专属管辖的 9 个罪名：国有公司、企业、事业单位人员失职罪，签订、履行合同失职被骗罪，国家机关工作人员签订、履行合同失职被骗罪，环境监管失职罪，传染病防治失职罪，商检失职罪，动植物检疫失职罪，不解救被拐卖、绑架妇女、儿童罪，失职造成珍贵文物损毁、流失罪。

第二类是监察机关与公安机关共同管辖的 1 个罪名：过失泄露国家秘密罪。

第三类是监察机关与检察机关共同管辖的 3 个罪名：玩忽职守罪，执行判决、裁定失职罪，失职致使在押人员脱逃罪。

41. 国有公司、企业、事业单位人员失职罪

国有公司、企业、事业单位人员失职罪，是指国有公司、企业的工作人员，由于严重不负责任，造成国有公司、企业破产或者严重损失，致使国家利益遭受重大损失，以及国有事业单位的工作人员由于严重不负责任，徇私舞弊，致使国家利益遭受重大损失的行为。（参见刑法第168条）

学习提示

国有公司、企业、事业单位在社会经济生活中发挥着举足轻重的作用。国有公司、企业、事业单位的工作人员应当依法勤勉履职尽责。对严重不负责任，徇私舞弊，致使国家利益遭受重大损失，侵害国有公司、企业财产权益和社会主义市场经济秩序，损害国家和人民利益的渎职行为，必须依法予以刑事制裁。

罪名简释

1. 客体要件：本罪侵犯的客体是国有公司、企业、事业单位的财产权益和社会主义市场经济秩序。

2. 客观方面要件：本罪在客观上表现为国有公司、企业的工作人员由于严重不负责任，造成国有公司、企业破产或严重损失，致使国家利益遭受重大损失，以及国有事业单位的工作人员由于严重不负责任，致使国家利益遭受重大损失的行为。主要有以下一些表现：不尊重客观经济规律，对市场需求不作可行性分析和论证，不听取各方面意见，独断专行，致使企业经营或者公共服务事项决策发生重大失误；管理混乱，规章制度不健全，对于损公肥私，化公为私，侵吞、侵占、私分、挪用公司、企业、事业单位财产的违法犯罪现象置若罔闻；在经济交往活动中由于种种原因上当受骗后，不主动及时向司法机关报案；违反规定动用企业、事业单位资金炒股票、期货；违反规定批准拆借资金等。

本罪属结果犯，严重不负责任的行为，只有造成国有公司、企业破产或者严重损失，或者其他情形，致使国家利益遭受重大损失时，才构成犯罪。

3. 主体要件：本罪的主体为特殊主体，即国有公司、企业、事业单位的工作人员，其他主体不构成本罪。

4. 主观方面要件：本罪的主观方面只能由过失构成，故意不构成本罪，也就是说，行为人对于其行为所造成重大损失结果，在主观上并不是出于故意而是由于过失造成的。行为人主观上的过失是针对造成重大损失的结果而言，但并不排斥行为人对违反工作纪律和规章制度或对自己的作为和不作为行为可能是故意的情形。

移送审查起诉标准

根据刑法和司法解释规定，被调查人涉嫌国有公司、企业、事业单位人员失职犯罪，具有下列情形之一的，经调查认为犯罪事实清楚，证据确实、充分的，应当依法移送人民检察院审查起诉。

1. 造成国家直接经济损失数额在50万元以上的；

2. 造成有关单位破产，停业、停产1年以上，或者被吊销许可证和营业执照、责令关闭、撤销、解散的；

3. 其他致使国家利益遭受重大损失的情形。

42. 签订、履行合同失职被骗罪

签订、履行合同失职被骗罪，是指国有公司、企业、事业单位直接负责的主管人员，在签订、履行合同过程中，因严重不负责任被诈骗，致使国家利益遭受重大损失的行为。（参见刑法第167、406条）

学习提示

国有公司、企业、事业单位在社会经济生活中发挥着举足轻重的作用。国有公司、企业、事业单位的主管人员在签订、履行合同过程中，应当依法认真勤勉履行职责。对玩忽职守，严重不负责任被诈骗，致使国有公司、企业、事业单位的正常活动遭到破坏，严重损害国家和人民利益的渎职行为，必须依法予以刑事制裁。

罪名简释

1. 客体要件：本罪侵犯的客体是国有公司、企业、事业单位的财产权益和社会主义市场经济秩序。

2. 客观方面要件：本罪在客观方面表现为国有公司、企业、事业单位直接负责的主管人员在签订、履行合同的过程中，因严重不负责任，致使国家利益遭受重大损失的行为。只有属于在签订、履行合同的过程中因严重不负责任而导致了被诈骗的事实，才可构成本罪。

因在签订、履行合同过程中，严重不负责任而被诈骗，必须使国家利益遭受了重大损失。如果没有带来损失或者虽然带来损失但不是重大的损失，即使有上述严重不负责任的行为，也不能构成本罪。

3. 主体要件：本罪的主体为特殊主体，只有国有公司、企业、事业单位的直接负责的主管人员才能构成本罪，其他主体不构成本罪。所谓直接负责的主管人员，是在国有公司、企业、事业单位中对该合同的签订、履行负领导责任的人员。

4. 主观方面要件：本罪的主观方面只能由过失构成。行为人对签订、履行合同过程中被诈骗，并造成

“重大损失”的危害后果，不是抱希望或放任其发生的心理态度，而是由于其过失造成的，故意不构成本罪。

移送审查起诉标准

根据刑法和司法解释规定，被调查人涉嫌签订、履行合同失职被骗犯罪，具有下列情形之一的，经调查认为犯罪事实清楚，证据确实、充分的，应当依法移送人民检察院审查起诉。

1. 造成国家直接经济损失数额在50万元以上的；

2. 造成有关单位破产，停业、停产6个月以上，或者被吊销许可证和营业执照、责令关闭、撤销、解散的；

3. 其他致使国家利益遭受重大损失的情形。

金融机构、从事对外贸易经营活动的公司、企业的工作人员严重不负责任，造成100万美元以上外汇被骗购或者逃汇1000万美元以上的，应予立案追诉。

43. 国家机关工作人员签订、履行合同失职被骗罪

国家机关工作人员签订、履行合同失职被骗罪，是指国家机关工作人员在签订、履行合同过程中，因严重不负责任被诈骗，致使国家利益遭受重大损失的行为。（参见刑法第406条）

学习提示

签订、履行合同是国家机关参与市场经济活动的重要方式，是国家机关正常活动的重要内容，要求国家机关工作人员必须认真履行职责，依法审慎参与经济活动。对严重不负责任，在签订、履行合同过程中不履行或者不认真履行职责而被诈骗，致使国家和人民利益遭受重大损失的渎职行为，必须依法予以刑事制裁。

罪名简释

1. 客体要件：本罪侵犯的客体是国家机关的正常活动。

2. 客观方面要件：本罪在客观方面表现为国家机关工作人员在签订、履行合同过程中，因严重不负责任被诈骗，致使国家利益遭受重大损失的行为。

3. 主体要件：本罪的主体是国家机关工作人员。

4. 主观方面要件：本罪在主观方面只能由过失构成，故意不构成本罪。行为人主观上的过失是针对造成重大损失的结果而言，但并不排斥行为人对自己严重不负责任的行为可能是故意的情形。

移送审查起诉标准

根据刑法和司法解释规定，被调查人涉嫌国家机关工作人员签订、履行合同失职被骗犯罪，具有下列情形之一的，经调查认为犯罪事实清楚，证据确实、充分的，应当依法移送人民检察院审查起诉。

1. 造成直接经济损失 30 万元以上，或者直接经济损失不满 30 万元，但间接经济损失 150 万元以上的；

2. 其他致使国家利益遭受重大损失的情形。

44. 环境监管失职罪

环境监管失职罪，是指负有环境保护监督管理职责的国家机关工作人员严重不负责任、导致发生重大环境污染事故，致使公私财产遭受重大损失或者造成人身伤亡的严重后果的行为。（参见刑法第408条）

学习提示

“绿水青山就是金山银山。”生态环境是人类自身赖以生存和发展的基础。保护生态环境是一切单位和每个公民应尽的义务，更是生态环境保护部门及其工作人员的职责义务。对严重不负责任，造成重大环境污染事故，导致公私财物重大损失或者人员伤亡的渎职行为，必须依法予以刑事制裁。

罪名简释

1. 客体要件：本罪侵犯的客体是国家环境保护机关的监督管理活动和国家对保护环境防治污染的管理制度。

2. 客观方面要件：本罪在客观方面表现为严重不负责任，导致发生重大环境污染事故，致使公私财产遭受重大损失或者造成人身伤亡的严重后果的行为。严重不负责任是指行为人有《中华人民共和国环境保护法》《中华人民共和国水污染防治法》《中华人民共和国大气污染防治法》《中华人民共和国海洋环境保护法》《中华人民共和国固体废物污染环境防治法》等法律及其他有关法规所规定的关于环境保护部门监管工作人员不履行职责，工作极不负责的行为。严重不负责任的行为必须导致重大环境污染事故的发生致使公私财产遭受重大损失或者造成人身伤亡的严重后果。

3. 主体要件：本罪的主体为特殊主体，即是负有环境保护监督管理职责的国家机关工作人员，具体是指在国务院生态环境保护行政主管部门、县级以上地方人民政府生态环境保护行政主管部门从事环境保护工作的人员，以及在国家海洋行政主管部门、港务监督、渔政渔港监督、军队环境保护部门和各级公安、交通、铁路、民航管理部门中，依照有关法律的规定对环境污染防治实施监督管理的人员。

4. *主观方面要件*：本罪在主观上是过失，也不能排除放任的间接故意的存在。如明知有关单位排放污水、废气或固体废料的行为违反环境保护法，可能造成重大环境污染事故，危及公私财产或人身安全，但严重不负责任，不采取任何措施予以制止，而是采取放任的态度，以致产生严重后果。行为人主观上显然属于放任的间接故意，而非过失。

移送审查起诉标准

根据刑法和司法解释规定，被调查人涉嫌环境监管失职犯罪，具有下列情形之一的，经调查认为犯罪事实清楚，证据确实、充分的，应当依法移送人民检察院审查起诉。

1. 致使公私财产损失30万元以上的；

2. 造成生态环境严重损害的；

3. 致使乡镇以上集中式饮用水水源取水中断12小时以上的；

4. 致使基本农田、防护林地、特种用途林地5亩以上，其他农用地10亩以上，其他土地20亩以上基本功能丧失或者遭受永久性破坏的；

5. 致使森林或者其他林木死亡50立方米以上，或者幼树死亡2500株以上的；

6. 致使疏散、转移群众5000人以上的；

7. 致使30人以上中毒的；

8. 致使3人以上轻伤、轻度残疾或者器官组织损伤导致一般功能障碍的；

9. 致使1人以上重伤、中度残疾或者器官组织损伤导致严重功能障碍的；

10. 其他严重污染环境的情形。

45. 传染病防治失职罪

传染病防治失职罪，是指从事传染病防治的政府卫生行政部门的工作人员严重不负责任，导致传染病传播或者流行，情节严重的行为。(参见刑法第409条)

学习提示

传染病是危害严重的流行性疾病。传染病的传播或者流行，不仅严重危害人民的身体健康，而且会严重影响传染病流行区人民的正常生产和生活。从事传染病防治的卫生行政部门工作人员应当依法忠诚履职，切实保护人民群众的生命健康安全。对严重不负责任，导致发生传染病传播或者流行，破坏传染病防治管理制度的渎职行为，必须依法予以刑事制裁。

罪名简释

1. 客体要件：本罪侵犯的客体是国家对传染病防治的管理制度。

2. 客观方面要件：本罪在客观方面表现为从事传染病研治工作的政府卫生行政部门工作人员严重不负责任，导致传染病传播或者流行，情节严重的行为。其具体表现形式是多种多样的，如，发现重大疫情应当报告而不报告或不立即报告；发现有传染病传播或流行的可能，应当采取措施而不采取措施；对传染病病人应当采取隔离治疗措施而未采取措施；应当对传染病的预防、治疗、监测、控制和疫情的管理措施进行监督、检查而不作监督、检查或者虽作监督、检查却不认真负责；发现有关单位与个人不符合传染病防治法的规定，应当责令其改进而不责令改进或者责令改进但不作检查或不作认真的检查；等等。

严重不负责任的行为必须达到情节严重，虽然因其行为造成了传染病传播或流行，但不属于情节严重，也不能构成本罪。

3. 主体要件：本罪的主体为特殊主体，即从事传染病防治的政府卫生行政部门工作人员。从事传染病防治的政府卫生行政部门工作人员，是指各级政府行政主管部门主管传染病防治工作的人员。

4. 主观方面要件：本罪在主观方面，只能由过失构成、故意不构成本罪。行为人主观上的过失是针对造成重大损失的结果而言，但并不排斥行为人对其严重不负责任行为则可能是故意的情形。

移送审查起诉标准

根据刑法和司法解释规定，被调查人涉嫌传染病防治失职犯罪，具有下列情形之一的，经调查认为犯罪事实清楚，证据确实、充分的，应当依法移送人民检察院审查起诉。

1. 导致甲类传染病传播的；

2. 导致乙类、丙类传染病流行的；

3. 因传染病传播或者流行，造成人员重伤或者死亡的；

4. 因传染病传播或者流行，严重影响正常的生产、生活秩序的；

5. 在国家对突发传染病疫情等灾害采取预防、控制措施后，对发生突发传染病疫情等灾害的地区或者突发传染病病人、病原携带者、疑似突发传染病病人，未按照预防、控制突发传染病疫情等灾害工作规范的要求做好防疫、检疫、隔离、防护、救治等工作，或者采取的预防、控制措施不当，造成传染范围扩大或者疫情、灾情加重的；

6. 在国家对突发传染病疫情等灾害采取预防、控制措施后，隐瞒、缓报、谎报或者授意、指使、强令他人隐瞒、缓报、谎报疫情、灾情，造成传染范围扩大或者疫情、灾情加重的；

7. 在国家对突发传染病疫情等灾害采取预防、控制措施后，拒不执行突发传染病疫情等灾害应急处理指挥机构的决定、命令，造成传染范围扩大或者疫情、灾情加重的；

8. 其他情节严重的情形。

46. 商检失职罪

商检失职罪，是指国家商检部门、商检机构的工作人员严重不负责任，对应当检验的物品不检验，或者延误检验出证、错误出证，致使国家利益遭受重大损失的行为。(参见刑法第412条第2款)

学习提示

进出口商品检验制度既是一种国际惯例，同时对于保证进出口商品的质量，维护对外贸易有关各方的合法权益，促进对外经济贸易关系的顺利发展具有重要作用。从事进出口商品检验工作的人员责任重大，应当依法忠诚履行职责。对商检失职，致使不合格的商品进口或出口，或者合格的商品不能进口或出口，损害国家利益，破坏对外经贸关系，甚至影响我国的国际声誉的渎职行为，必须依法予以刑事制裁。

罪名简释

1. 客体要件：本罪侵犯的客体是国家进出口商品检验部门、机构的正常活动及国家其他有关机关的正常活动。

2. 客观方面要件：本罪在客观方面具体表现为3种情况：一是对应当检验的物品不检验。根据《中华人民共和国进出口商品检验法》规定，进出口商品必须经商检机构或者国家商检部门、商检机构指定的检验机构检验。应当检验而不检验，并出于过失致使国家利益遭受重大损失的即构成商检失职罪。二是延误检验出证。是指虽然对应当检验的进出口商品进行了检验，但由于工作拖拉而致商品检验出具结果超出了法定的商品检验出证的期限。三是错误出证。是指对应检商品进行检验后所出具的检验结果证明内容错误，与被检商品的客观情况不相符合，如把合格检验为不合格，不合格又检验成合格等。既可以是检验的全部内容不符合事实也可以是其中的部分内容，如规格、数量、包装等部分内容不符合事实。

商检失职罪属于结果犯，只有使国家利益遭受重大损失的，才构成犯罪。

3. 主体要件：本罪的主体为特殊主体，即国家商检部门、商检机构的工作人员。所谓国家商检部门，是指国务院履行进出口商品检验职责的机关。所谓商检机构，是指国家商检部门设在各地的进出口商品检验机构。

4. 主观方面要件：本罪在主观方面只能由过失构成，故意不构成商检失职罪。

移送审查起诉标准

根据刑法和司法解释规定，被调查人涉嫌商检失职犯罪，具有下列情形之一的，经调查认为犯罪事实清楚，证据确实、充分的，应当依法移送人民检察院审查起诉。

1. 致使不合格的食品、药品、医疗器械等商品出入境，严重危害生命健康的；

2. 造成个人财产直接经济损失 15 万元以上，或者直接经济损失不满 15 万元，但间接经济损失 75 万元以上的；

3. 造成公共财产、法人或者其他组织财产直接经济损失 30 万元以上，或者直接经济损失不满 30 万元，但间接经济损失 150 万元以上的；

4. 未经检验，出具合格检验结果，致使国家禁止进口的固体废物、液态废物和气态废物等进入境内的；

5. 不检验或者延误检验出证、错误出证，引起国际经济贸易纠纷，严重影响国家对外经贸关系，或者严重损害国家声誉的；

6. 其他致使国家利益遭受重大损失的情形。

47. 动植物检疫失职罪

动植物检疫失职罪，是指动植物检疫机关的检疫人员严重不负责任，对应当检疫的物品不检疫，或者延误检疫出证、错误出证，致使国家利益遭受重大损失的行为。（参见刑法第413条第2款）

学习提示

动植物检疫是控制动植物病毒传播，维护国家生物安全和人民群众生命健康的重要手段。我国对检疫机关及其工作人员规定了一系列的职责，动植物检疫机关的检疫人员应当严格依法履职。对严重不负责任，玩忽职守，对应当检疫的物品不检疫，或者不按照规定的地点和期限检疫出证，或者出具与实际情况不相符合的检疫单证，致使国家利益遭受重大损失的渎职行为，必须依法予以刑事制裁。

罪名简释

1. 客体要件：本罪侵犯的客体是国家动植物检疫机关的正常活动。

2. 客观方面要件：本罪在客观方面表现为动植物检疫机关的检疫人员严重不负责任，对应当检疫的物品不检疫，或者延误检疫出证、错误出证，致使国家利益遭受重大损失的行为。具体可分为3种表现形式：一是对应当检疫的检疫物不检疫，既包括对全部应当检疫的检疫物未进行检验，又包括只对其中部分应当检疫的检疫物进行检疫，对其他应当检疫的检疫物不进行检疫，如只检疫动植物本身，不检疫其装载工具、包装物等。二是延误检疫出证，虽然对应当检疫的检疫品进行了检疫，但却未按规定的检疫时间出具检疫结果证明，即超过了检疫期限。超过了检疫期限，不论其所出具的检疫结果是否错误，如果给国家利益造成重大损失的，都可构成动植物检疫失职罪。三是错误出证，即对检疫物在检疫后出具了不符合检疫物实际情况的虚假的检疫结果证明，如将不合格检疫为合格，将合格检疫成不合格等。只要具有上述3种严重不负责任行为的方式之一即可构成动植物检疫失职罪。

动植物检疫失职罪属结果犯，只有使国家利益遭受重大损失时才构成犯罪。

3. 主体要件：本罪的主体是特殊主体，即动植物检疫机关的检疫人员。根据《中华人民共和国进出境动植物检疫法》《中华人民共和国动物防疫法》《植物检疫条例》等法律法规，国家动植物检疫机关、国家农业行政主管部门、林业主管部门以及县级以上地方人民政府下设畜牧医行政管理部门、县级以上地方各级农业主管部门、林业主管部门所属的动植物检疫机构的检疫人员都可以构成本罪的主体。

4. 主观方面要件：本罪的主观方面是过失。这里所说的过失是指对渎职行为所造成的结果的心态，而不是指对渎职行为本身的态度。

移送审查起诉标准

根据刑法和司法解释规定，被调查人涉嫌动植物检疫失职犯罪，具有下列情形之一的，经调查认为犯罪事实清楚，证据确实、充分的，应当依法移送人民检察院审查起诉。

1. 导致疫情发生，造成人员重伤或者死亡的；

2. 导致重大疫情发生、传播或者流行的；

3. 造成个人财产直接经济损失15万元以上，或者直接经济损失不满15万元，但间接经济损失75万元以上的；

4. 造成公共财产或者法人、其他组织财产直接经济损失30万元以上，或者直接经济损失不满30万元，但间接经济损失150万元以上的；

5. 不检疫或者延误检疫出证、错误出证，引起国际经济贸易纠纷，严重影响国家对外经贸关系，或者严重损害国家声誉的；

6. 其他致使国家利益遭受重大损失的情形。

48. 不解救被拐卖、绑架妇女、儿童罪

不解救被拐卖、绑架妇女、儿童罪，是指对被拐卖、绑架的妇女、儿童负有解救职责的国家机关工作人员，接到被拐卖、绑架的妇女、儿童及其家属的解救要求或者接到其他人的举报，而对被拐卖、绑架的妇女、儿童不进行解救，造成严重后果的行为。(参见刑法第 416 条第 1 款)

学习提示

妇女、儿童是亿万家庭的重要成员，也是共建共享美好生活、全面建设社会主义现代化国家的重要力量。对被拐卖、绑架的妇女、儿童负有解救职责的国家机关工作人员应当认真负责地履行职责。对拒不履行解救职责，致使国家工作人员解救妇女、儿童的职务活动不能进行或难以进行，造成严重后果的行为，必须依法予以刑事制裁。

罪名简释

1. 客体要件：本罪侵犯的客体是国家机关工作人员解救妇女、儿童的职务活动和国家机关的信誉。

2. 客观方面要件：本罪在客观方面表现为对被拐卖、绑架的妇女、儿童负有解救职责的国家机关工作人员接到被拐卖、绑架的妇女、儿童及其家属的解救要求或者接到其他人的举报，而不进行解救，造成严重后果的行为。行为人负有解救被拐卖、绑架的妇女、儿童的职责，并接到“解救要求”或“举报”，这是履行解救义务的前提条件。必须具有不进行解救的行为，即行为人接到解救要求或者举报后，不履行解救职责。所谓不进行解救，是指接到解救要求或者举报后，不采取任何解救措施，或者推诿、拖延解救工作，这是一种不作为的犯罪。如不向主管负责解救的部门汇报情况；不制订解救方案、计划；不安排布置解救行动等。

构成本罪必须是因为不解救而造成严重后果。虽有不解救的行为，但未造成严重后果的，不构成本罪。

3. 主体要件：本罪的主体是特殊主体，即负有解救被拐卖、绑架的妇女、儿童职责的国家机关工作人员。一般包括各级人民政府中主管解救工作的工作人员、公安机关的工作人员以及其他负有会同公安机关解救职责的国家机关工作人员，如法院、检察、民政以及妇联部门等的工作人员。

4. *主观方面要件*：本罪在主观方面表现为故意，过失不构成本罪。即明知是被拐卖、绑架的妇女、儿童需要进行解救而不进行解救。对于因不解救而造成严重的后果而言，则可能属于过失，也可以是间接故意。至于其动机可多种多样，有的是怕麻烦，有的是怕报复，有的是为了私情等，其动机如何，不影响本罪成立。

移送审查起诉标准

根据刑法和司法解释规定，被调查人涉嫌不解救被拐卖、绑架妇女、儿童犯罪，具有下列情形之一的，经调查认为犯罪事实清楚，证据确实、充分的，应当依法移送人民检察院审查起诉。

1. 导致被拐卖、绑架的妇女、儿童或者其家属重伤、死亡或者精神失常的；

2. 导致被拐卖、绑架的妇女、儿童被转移、隐匿、转卖，不能及时进行解救的；

3. 对被拐卖、绑架的妇女、儿童不进行解救3人次以上的；

4. 对被拐卖、绑架的妇女、儿童不进行解救，造成恶劣社会影响的；

5. 其他造成严重后果的情形。

49. 失职造成珍贵文物损毁、流失罪

失职造成珍贵文物损毁、流失罪，是指国家机关工作人员严重不负责任，造成珍贵文物损毁或者流失，后果严重的行为。(参见刑法第419条)

学习提示

文物承载灿烂文明，传承历史文化，维系民族精神，是祖先留给我们的宝贵遗产。保护文物功在当代、利在千秋。负有文物保护职责的国家工作人员，要自觉增强对历史文物的敬畏之心，树立保护文物也是政绩的科学理念，切实加大文物保护力度，依法忠诚履行职责，保护珍贵文物不被破坏、遗失。对严重不负责，违反规章制度，不履行应尽的职责义务，造成珍贵文物损毁或者流失，给国家、集体和人民利益造成严重损害的渎职行为，必须依法予以刑事制裁。

罪名简释

1. 客体要件：本罪侵犯的客体是国家机关的正常活动。本罪的犯罪对象为珍贵文物。所谓珍贵文物，是指具有重要历史、艺术、科学价值的文物，主要包括国家规定的一、二级文物，三级文物要确定为珍贵文物的，应经国家文物鉴定委员会确认。

2. 客观方面要件：本罪在客观方面表现为国家机关工作人员违反工作纪律、规章制度，擅离职守不尽职责义务，或者不正确履行职责义务，造成珍贵文物损毁或者流失，后果严重的行为。本罪是结果犯，严重不负责任的行为必须后果严重，才构成犯罪。

3. 主体要件：本罪主体是特殊主体，即国家机关工作人员，主要是指负有管理、保护文物职责的国家机关工作人员，包括博物馆（院）、纪念馆、图书馆的工作人员、文化行政部门中主管文物保护工作的人员等。

4. 主观方面要件：本罪的主观方面只能由过失构成，故意不构成本罪，行为人主观上的过失是针对造成重大损失的结果而言，但并不排斥行为人对违反工作纪律和规章制度或对自己的作为和不作为行为则可能是故意的情形。

移送审查起诉标准

根据刑法和司法解释规定，被调查人涉嫌失职造成珍贵文物损毁、流失犯罪，具有下列情形之一的，经调查认为犯罪事实清楚，证据确实、充分的，应当依法移送人民检察院审查起诉。

1. 导致二级以上文物或者 5 件以上三级文物损毁或者流失的；

2. 导致全国重点文物保护单位、省级文物保护单位的本体严重损毁或者灭失的；

3. 其他后果严重的情形。

50. 过失泄露国家秘密罪

过失泄露国家秘密罪，是指国家机关工作人员或非国家工作人员违反保守国家秘密法的规定，过失泄露国家秘密，情节严重的行为。(参见刑法第398条)

学习提示

保守国家秘密是一切国家机关、武装力量、政党、社会团体、企事业单位和每个公民应尽的义务，任何泄露国家秘密的行为，都会给国家的安全和人民的利益造成严重危害。对严重不负责任，过失泄露国家秘密，危害国家安全和利益的渎职行为，必须依法予以刑事制裁。

罪名简释

1. 客体要件：本罪所侵害的客体是国家保密制度。犯罪对象是国家秘密。

2. 客观方面要件：本罪在客观方面表现为违反国家保密法的规定，过失泄露国家秘密，情节严重的行为。过失泄露的具体方式可多种多样，既可以是口头过失泄露，又可以是书面过失泄露；既可以当众过失泄露，又可以单个过失泄露；既可以交付原物的方式过失泄露，又可以采用密写、影印、拍摄、复印等方式过失泄露等，不论其方式如何，只要让不应知道的人知道或者接触了国家秘密，即可构成过失泄露国家秘密罪。

3. 主体要件：本罪的主体一般情况下为特殊主体，只有国家机关工作人员才能构成过失泄露国家秘密罪。因为通常只有国家机关工作人员才能掌握、了解国家秘密。非国家机关工作人员亦可构成过失泄露国家秘密罪，而成为过失泄露国家秘密罪主体。

4. 主观方面要件：本罪在主观方面表现为过失，如果出于故意，则不是构成过失泄露国家秘密罪而是构成故意泄露国家秘密罪。过失，一般是因为疏忽大意、工作马虎、玩忽职守、违反保守国家秘密的有关规章制度等造成，如将保密文件不按规定放置而让他人看见，不认真保管致使丢失等，但也不排除出于过于自信的过失。

移送审查起诉标准

根据刑法和司法解释规定，被调查人涉嫌过失泄露国家秘密犯罪，具有下列情形之一的，经调查认为犯罪事实清楚，证据确实、充分的，应当依法移送人民检察院审查起诉。

1. 泄露绝密级国家秘密 1 项（件）以上的；

2. 泄露机密级国家秘密 3 项（件）以上的；

3. 泄露秘密级国家秘密 4 项（件）以上的；

4. 违反保密规定，将涉及国家秘密的计算机或者计算机信息系统与互联网相连接，泄露国家秘密的；

5. 泄露国家秘密或者遗失国家秘密载体，隐瞒不报、不如实提供有关情况或者不采取补救措施的；

6. 其他情节严重的情形。

51. 玩忽职守罪

玩忽职守罪，是指国家机关工作人员严重不负责任，不履行或不认真履行自己的工作职责，致使公共财产、国家和人民利益遭受重大损失的行为。(参见刑法第 397 条)

学习提示

"权力就是责任，责任就要担当。"忠于职守、勤勉尽责是国家机关工作人员基本的履职要求。如果对本职工作严重不负责，不遵纪守法，违反规章制度，玩忽职守，不履行应尽的职责义务，致使国家机关的某项具体工作遭到破坏，给国家、集体和人民利益造成严重损害，必须依法予以刑事制裁。

罪名简释

1. 客体要件：本罪侵犯的客体是国家机关的正常活动。本罪侵犯的对象可以是公共财产或者公民的人身及其财产。

2. 客观方面要件：本罪在客观方面表现为国家机关工作人员违反工作纪律、规章制度，擅离职守，不尽职责义务或者不认真履行职责义务，致使公共财产、国家和人民利益遭受重大损失的行为。玩忽职守的行为，包括作为和不作为。所谓玩忽职守的作为，是指国家机关工作人员不认真履行职责义务的行为。有的马马虎虎，草率从事，敷衍塞责，违令抗命，极不负责任。有的阳奉阴违，弄虚作假，欺上瞒下，胡作非为等。所谓玩忽职守的不作为，是指国家机关工作人员不尽职责义务的行为。即对于自己应当履行的，而且也有条件履行的职责，不尽自己应尽的职责义务。有的擅离职守，撒手不管；有的虽然未离职守，但却不尽职责，该管不管，该作不作，听之任之等。

3. 主体要件：本罪的主体是国家机关工作人员。

4. 主观方面要件：本罪在主观方面由过失构成，故意不构成本罪，也就是说，行为人对于其行为所造成重大损失结果，在主观上并不是出于故意而是由于过失造成的。行为人主观上的过失是针对造成重大损失的结果而言，但并不排斥行为人对违反工作纪律和规章制度或对自己的作为和不作为行为可能是故意的情形。

移送审查起诉标准

根据刑法和司法解释规定，被调查人涉嫌玩忽职守犯罪，具有下列情形之一的，应当认定为刑法第397条规定的“致使公共财产、国家和人民利益遭受重大损失”。经调查认为犯罪事实清楚，证据确实、充分的，应当依法移送人民检察院审查起诉。

1. 造成死亡1人以上，或者重伤3人以上，或者轻伤9人以上，或者重伤2人、轻伤3人以上，或者重伤1人、轻伤6人以上的；

2. 造成经济损失30万元以上的；

3. 造成恶劣社会影响的；

4. 疏于审查或者审查不严，致使盗窃、抢劫、诈骗、抢夺的机动车被办理登记手册，数量达5辆以上或者价值总额达到50万元以上的；

5. 其他致使公共财产、国家和人民利益遭受重大损失的情形。

52. 执行判决、裁定失职罪

执行判决、裁定失职罪，是指司法工作人员在执行判决、裁定活动中，严重不负责任，不依法采取诉讼保全措施、不履行法定执行职责，或者违法采取诉讼保全措施、强制执行措施，致使当事人或者其他人的利益遭受重大损失的行为。(参见刑法第399条第3款)

学习提示

人民法院是代表国家行使审判权的唯一机关，它对各类案件作出的判决和裁定，是代表国家行使审判权的具体形式。判决和裁定一经生效，就具有法律强制力，负有执行责任的机关、单位以及有关当事人，都必须坚决执行。司法工作人员在执行判决、裁定活动中，严重不负责任，致使当事人或者其他人的利益遭受重大损失，损害司法活动的公正性和司法机关威信的犯罪行为，必须依法予以刑事制裁。

罪名简释

1. 客体要件：本罪侵犯的客体是司法活动的公正性和司法机关的威信。

2. 客观方面要件：客观方面表现在执行判决、裁定活动中，严重不负责任，不依法采取诉讼保全措施，不履行法定执行职责，或者违法采取诉讼保全措施、强制执行措施，致使当事人或者其他人的利益遭受重大损失的行为。只有在执行活动中因严重不负责任致使当事人或者其他人的利益遭受重大损失，才构成犯罪，否则不构成犯罪。这里的当事人，是指民事执行案件、经济执行案件的当事人。其他人，是指与民事执行案件、经济执行案件存在利益关联性的人员。

3. 主体要件：本罪的主体为特殊主体，即仅限于司法工作人员。

4. 主观方面要件：主观方面是过失，故意不构成本罪。这里的过失，是指应当预见到执行判决、裁定失职行为可能致使当事人或者其他人的利益遭受重大损失，因为疏忽大意而没有预见，或者已经预见而轻信能够避免，以致发生这种结果的主观心理状态。

移送审查起诉标准

根据刑法和司法解释规定，被调查人涉嫌执行判决、裁定失职犯罪，具有下列情形之一的，经调查认为犯罪事实清楚，证据确实、充分的，应当依法移送人民检察院审查起诉。

1. 致使当事人或者其近亲属自杀、自残造成重伤、死亡，或者精神失常的；

2. 造成个人财产直接经济损失 15 万元以上，或者直接经济损失不满 15 万元，但间接经济损失 75 万元以上的；

3. 造成法人或者其他组织财产直接经济损失 30 万元以上，或者直接经济损失不满 30 万元，但间接经济损失 150 万元以上的；

4. 造成公司、企业等单位停业、停产 1 年以上，或者破产的；

5. 其他致使当事人或者其他人的利益遭受重大损失的情形。

53. 失职致使在押人员脱逃罪

失职致使在押人员脱逃罪，是指司法工作人员由于严重不负责任，不履行或者不认真履行职责，致使在押（包括在羁押场所和押解途中）的犯罪嫌疑人、被告人或者罪犯脱逃，造成严重后果的行为。(参见刑法第400条第2款)

学习提示

监管机关关押的犯罪嫌疑人、被告人和罪犯，都是因他们实施了或可能实施危害社会的行为，需要受到刑罚。监管机关关押他们的目的，是为了惩罚和改造他们，使他们成为自食其力的新人，消除其继续犯罪的条件，防止继续危害社会。负有监管职责的司法工作人员应当依法勤勉履职。对严重不负责任，致使在押的犯罪嫌疑人、被告人或者罪犯脱逃，严重破坏国家监管制度的犯罪行为，必须依法予以刑事制裁。

罪名简释

1. 客体要件：本罪所侵害的客体是司法机关的正常活动，主要指监管机关的正常秩序。

2. 客观方面要件：本罪在客观方面表现为司法工作人员玩忽职守，严重不负责任，致使在押的犯罪嫌疑人、被告人或者罪犯脱逃，造成严重后果的行为。所谓脱逃，是指在押的犯罪嫌疑人、被告人或者罪犯从羁押场所（如看守所、拘役所、监狱、未成年犯管教所等）或者押解途中或者审判场所逃走，从而脱离司法机关及其工作人员的监管，虽然在押但不是在押的犯罪嫌疑人、被告人或者罪犯，而是其他人员如被行政、司法拘留的人员、劳动教养人员逃离羁押，不能构成本罪，构成犯罪的，亦应以他罪如玩忽职守罪论处。所谓严重不负责任，是指在羁押场所、押解途中未按规定采取有关看守、监管措施；擅离看守、监管岗位；发现犯罪嫌疑人、被告人或者罪犯有脱逃迹象，不及时采取有效的防范措施；在犯罪嫌疑人、被告人或者罪犯脱逃时，不及时组织、进行追捕等。在押犯罪嫌疑人、被告人或者罪犯的脱逃是由于行为人的玩忽职守、严重不负责任而造成。如果没有玩忽职守、严重不负责任的行为或者虽有玩忽职守、严重不负责任的行为但与在押人员的脱逃没有刑法上的因果关系，也不能以本罪论处。

本罪属结果犯，只有造成严重后果时才构成犯罪，所谓造成严重后果，一般是指致使重要的犯罪嫌疑人、被告人或者罪犯脱逃；致使多名犯罪嫌疑人、被告人或者罪犯脱逃；由于犯罪嫌疑人、被告人的脱逃致使案件的侦查、起诉、审判受到严重影响；犯罪嫌疑人、被告人或者罪犯脱逃后打击报复控告人、举报人、证人和司法工作人员，继续犯罪，危害社会等。

3. 主体要件：本罪的主体为特殊主体，同私放在押人员罪一样，只有司法工作人员才能构成本罪。

4. 主观方面要件：本罪在主观方面必须出于过失，但这是针对在押人员脱逃这一后果而言的，对于其玩忽职守的行为，则表现为明知故犯。故意不能构成本罪。构成犯罪的，应属私放在押人员罪。

移送审查起诉标准

根据刑法和司法解释规定，被调查人涉嫌失职致使在押人员脱逃犯罪，具有下列情形之一的，经调查认为犯罪事实清楚，证据确实、充分的，应当依法移送人民检察院审查起诉。

1. 致使依法可能判处或者已经判处10年以上有期徒刑、无期徒刑、死刑的犯罪嫌疑人、被告人、罪犯脱逃的；

2. 致使犯罪嫌疑人、被告人、罪犯脱逃3人次以上的；

3. 犯罪嫌疑人、被告人、罪犯脱逃以后，打击报复报案人、控告人、举报人、被害人、证人和司法工作人员等，或者继续犯罪的；

4. 其他致使在押的犯罪嫌疑人、被告人、罪犯脱逃，造成严重后果的情形。

四、徇私舞弊类犯罪

根据《中华人民共和国监察法实施条例》第29、52条的规定，徇私舞弊类犯罪共包含19个罪名，具体包括2类。

第一类是监察机关专属管辖的15个罪名：徇私舞弊低价折股、出售国有资产罪，非法批准征收、征用、占用土地罪，非法低价出让国有土地使用权罪，非法经营同类营业罪，为亲友非法牟利罪，枉法仲裁罪，徇私舞弊发售发票、抵扣税款、出口退税罪，商检徇私舞弊罪，动植物检疫徇私舞弊罪，放纵走私罪，放纵制售伪劣商品犯罪行为罪，招收公务员、学生徇私舞弊罪，徇私舞弊不移交刑事案件罪，违法提供出口退税凭证罪，徇私舞弊不征、少征税款罪。

第二类是监察机关与检察机关共同管辖的4个罪名：徇私枉法罪，民事、行政枉法裁判罪，私放在押人员罪，徇私舞弊减刑、假释、暂予监外执行罪。

需要指出的是，根据《中华人民共和国刑法修正案（十二）》以及《关于执行〈中华人民共和国刑法〉确定罪名的补充规定（八）》，“徇私舞弊低价折股、出售国有资产罪”修改为“徇私舞弊低价折股、出售公司、企业资产罪”，且徇私舞弊低价折股、出售公司、企业资产罪，非法经营同类营业罪，为亲友非法牟利罪应由监察机关与公安机关共同管辖。

54. 徇私舞弊低价折股、出售公司、企业资产罪*

徇私舞弊低价折股、出售公司、企业资产罪，是指国有公司、企业或者其上级主管部门直接负责的主管人员，其他公司、企业直接负责的主管人员，徇私舞弊，将公司、企业资产低价折股或者低价出售，致使国家利益或者公司、企业利益遭受重大损失的行为。（参见刑法第 169 条）

学习提示

为了保持国有公司、企业在市场经济中的地位，确保国有资产保值、增值，有效遏制国有资产流失，刑法在分则第三章破坏社会主义市场经济秩序罪之下规定了徇私舞弊低价折股、出售国有资产罪。需要注意的是，《刑法修正案

* 根据最高人民法院、最高人民检察院《关于执行〈中华人民共和国刑法〉确定罪名的补充规定（八）》（2024 年 1 月 30 日）修改。

（十二）》将该罪名适用范围从国有公司、企业扩展至包括其他公司、企业在内，将上述原来只适用于国有公司、企业人员的背信犯罪同样适用于民营企业内部人员，旨在通过依法惩治民营企业内部人员腐败犯罪实现保护民营企业的目的。

罪名简释

1. 客体要件：本罪侵害的客体是公司、企业财产的所有权和公司、企业资产管理制度。

2. 客观方面要件：本罪在客观上表现为违反国家规定，徇私舞弊，将公司、企业资产低价折股或低价出售的行为。将公司、企业资产低价折股或者低价出售行为的表现形式是多种多样的。

本罪是结果犯，行为人徇私舞弊，将公司、企业资产低价折股或低价出售的行为只有在造成国家利益或者公司、企业利益的重大损失结果时，才能构成本罪。这里的重大损失，是指因低价折股或低价出售而使公司、企业资产大量流失无法挽回，国家利益或者公司、企业利益受到重大损失的情况。

3. 主体要件：本罪的主体为特殊主体，即国有公司、企业或者其上级主管部门直接负责的主管人员，其他公司、企业直接负责的主管人员，除此不能构成本罪。

4. 主观方面要件：本罪在主观方面，必须由故意构成，并有明确的徇私动机。

移送审查起诉标准

根据刑法和司法解释规定，被调查人涉嫌徇私舞弊低价折股、出售公司、企业资产犯罪，具有下列情形之一的，经调查认为犯罪事实清楚，证据确实、充分的，应当依法移送人民检察院审查起诉。

1. 造成国家直接经济损失数额在30万元以上的；

2. 造成有关单位破产，停业、停产6个月以上，或者被吊销许可证和营业执照、责令关闭、撤销、解散的；

3. 其他致使国家利益遭受重大损失的情形。

55. 非法批准征收、征用、占用土地罪

非法批准征收、征用、占用土地罪，是指国家机关工作人员徇私舞弊，违反土地管理法规，滥用职权，非法批准征收、征用、占用土地，情节严重的行为。(参见刑法第410条)

学习提示

土地是我们赖以生存的自然资源，国有土地是社会主义全民所有的公共财产的重要组成部分。对国家机关工作人员徇私舞弊，违法批准征收、征用、占用土地，造成国家土地资源的浪费，可耕地面积减少，国家土地使用收益大量流失，损害国家土地管理、城市规划机关的威信，损害国家和人民利益的渎职行为，必须依法予以刑事制裁。

罪名简释

1. 客体要件：本罪侵犯的客体，是国家土地管理、城市规划等机关的正常活动以及其他有关国家机关的正常管理活动。本罪的犯罪对象是土地。

2. 客观方面要件：本罪在客观方面表现为违反土地管理法规，滥用职权，非法批准征收、征用、占用土地。这里的非法批准征收、征用、占用土地，是指对不符合法定条件的征收、征用、占用土地的申请予以批准。非法批准征收、征用、占用土地的行为只有情节严重才构成本罪。

3. 主体要件：本罪主体是特殊主体，即国家机关工作人员，主要是指在各级政府中的主管人员，土地管理、城市规划等部门的工作人员。

4. 主观方面要件：本罪在主观方面必须是出于故意。行为人的犯罪动机是徇私，有的是为了贪图钱财等不法利益，有的是因碍于亲朋好友情面而徇私舞弊，有的是出于报复或嫉妒心理而徇私舞弊等。

移送审查起诉标准

根据刑法和司法解释规定，被调查人涉嫌非法批准征收、征用、占用土地犯罪，具有下列情形之一的，经调查认为犯罪事实清楚，证据确实、充分的，应当依法移送人民检察院审查起诉。

1. 非法批准征用、占用基本农田 10 亩以上的；

2. 非法批准征用、占用基本农田以外的耕地 30 亩以上的；

3. 非法批准征用、占用其他土地 50 亩以上的；

4. 虽未达到上述数量标准，但造成有关单位、个人直接经济损失 30 万元以上，或者造成耕地大量毁坏或者植被遭到严重破坏的；

5. 非法批准征用、占用土地，影响群众生产、生活，引起纠纷，造成恶劣影响或者其他严重后果的；

6. 非法批准征用、占用防护林地、特种用途林地分别或者合计 10 亩以上的；

7. 非法批准征用、占用其他林地 20 亩以上的；

8. 非法批准征用、占用林地造成直接经济损失 30 万元以上，或者造成防护林地、特种用途林地分别或者合计 5 亩以上或者其他林地 10 亩以上毁坏的；

9. 非法批准征收、征用、占用草原 40 亩以上的；

10. 非法批准征收、征用、占用草原，造成 20 亩以上草原被毁坏的；

11. 其他情节严重的情形。

56. 非法低价出让国有土地使用权罪

非法低价出让国有土地使用权罪，是指国家机关工作人员徇私舞弊，违反土地管理法规，滥用职权，非法低价出让国有土地使用权，情节严重的行为。(参见刑法第410条)

学习提示

我国法律法规对出让国有土地使用权的批准权限、程序和要求等都有明确具体的规定，这对于合理开发、利用、经营土地，加强土地管理，促进城市建设和经济发展有着十分重要的作用。对国家机关工作人员违反土地管理法规，徇私舞弊，滥用职权，非法低价出让国有土地使用权，损害国家或者集体利益，破坏国有土地使用管理的正常活动的渎职行为，必须依法予以刑事制裁。

罪名简释

1. 客体要件：本罪侵犯的客体是国家对国有土地使用管理的正常活动。

2. 客观方面要件：本罪在客观方面表现为违反土地管理法规，徇私舞弊、滥用职权，非法低价出让国有土地使用权，情节严重的行为。原国土资源部2003年发布的《协议出让国有土地使用权规定》明确规定，以协议方式出让国有土地使用权的出让金不得低于按国家规定所确定的最低价。低于最低价时国有土地使用权不得出让。省、自治区、直辖市人民政府国土资源行政主管部门应当依据本规定拟定协议出让最低价，报同级人民政府批准后公布，由市、县人民政府国土资源行政主管部门实施。非法低价出让国有土地使用权的行为必须情节严重才能构成本罪。

3. 主体要件：本罪的主体为国家机关工作人员。包括但不限于各级政府主管人员，土地、规划管理工作人员。任何国家机关工作人员，只要违法低价出让国有土地使用权，情节达到了严重的程度，即可构成本罪。非国家机关工作人员则不能构成本罪。

4. 主观方面要件：本罪在主观方面必须出于故

意，并且具有徇私的目的。过失不能构成本罪。

移送审查起诉标准

根据刑法和司法解释规定，被调查人涉嫌非法低价出让国有土地使用权犯罪，具有下列情形之一的，经调查认为犯罪事实清楚，证据确实、充分的，应当依法移送人民检察院审查起诉。

1. 非法低价出让国有土地30亩以上，并且出让价额低于国家规定的最低价额标准的60%的；

2. 造成国有土地资产流失价额30万元以上的；

3. 非法低价出让国有土地使用权，影响群众生产、生活，引起纠纷，造成恶劣影响或者其他严重后果的；

4. 非法低价出让林地合计30亩以上，并且出让价额低于国家规定的最低价额标准的60%的；

5. 造成国有资产流失30万元以上的；

6. 其他情节严重的情形。

57. 非法经营同类营业罪

非法经营同类营业罪，是指国有公司、企业的董事、监事、高级管理人员，利用职务便利，自己经营或者为他人经营与其所任职公司、企业同类的营业，获取非法利益，数额巨大；其他公司、企业的董事、监事、高级管理人员违反法律、行政法规规定，实施上述行为，致使公司、企业利益遭受重大损失的行为。(参见刑法第 165 条)

学习提示

非法经营同类营业罪不仅仅是违反禁止性义务和公司、企业管理秩序，其本质是行为人利用同类营业非法转移其所任职公司、企业利益，截取客户资源、商业机会等，造成其所任职公司、企业利益损失。需要注意的是，《刑法修正案（十二)》将犯罪主体由此前的“董事、经理”扩大为“董事、监事、高级管理人员”，并新增一款，将该罪主体由原来只适用于国有企业人员扩展到民营企业人员，并规定了不同的构成要件，使得刑法与民商事法律保护更加协调。

罪名简释

1. 客体要件：本罪侵犯的客体是公司、企业的财产权益以及国家对公司的管理制度。

2. 客观方面要件：本罪在客观方面表现为国有公司、企业的董事、监事、高级管理人员利用职务便利，自己经营或者为他人经营与其所任职公司、企业同类的营业，获取非法利益，数额巨大；其他公司、企业的董事、监事、高级管理人员违反法律、行政法规规定，自己经营或者为他人经营与其所任职公司、企业同类的营业，致使公司、企业利益遭受重大损失的行为。所谓自己经营，是指行为人为自己经营，可以表现为以自己的名义另外设立公司、企业，或者以他人名义设立公司、企业，实为自己经营，经营收入由行为人参与分配。所谓为他人经营，是指行为人主观上并不是意图为自己直接谋取利益，而且客观上也不直接参加公司、企业的利润分配，而是在他人开设的公司、企业中受聘任职，为他人的公司、企业提供一定劳务进行管理，或者接受他人请求、委托以顾问、朋友等名义，为他人利益进行实质性的经营活动，并领取报酬的行为。

国有公司、企业的董事、监事、高级管理人员构成本罪还要求获取非法利益数额巨大。否则，虽有经营行为，但没有获取非法的利益，或者虽然获取了非法利益，但没有达到数额巨大的最低标准，亦不能构成本罪。

其他公司、企业的董事、监事、高级管理人员构成本罪，要件之一是违反法律、行政法规规定，《公司法》等对符合规定的同类营业作了规定，经公司、企业同意的同类营业不作为本罪处理。实践中对以下情况不作为本罪处理：一是公司、企业同意的经营同类营业，如按照《公司法》规定，向公司董事会或者股东会报告并取得决议通过的；二是企业老板决定另外设立或者投资企业的。此外，其他公司、企业的董事、监事、高级管理人员构成本罪，还需要具有“致使公司、企业利益遭受重大损失的”结果。

3. 主体要件：本罪的主体是特殊主体，即公司、企业的董事、监事、高级管理人员。所谓董事，是由股东选举产生的，对内执行公司业务，对外代表公司的常设性执行机构的成员。所谓监事，是公司中常设的监察机关的成员，负责监察公司的财务情况，公司高级管理人员的职务执行情况，以及其他由公司章程规定的监察职责。所谓高级管理人员，包括经理、副经理、财务负责人、上市公司董事会秘书和公司章程规定的其他人员。

4. 主观方面要件：本罪在主观方面必须出于故意，过失不能构成本罪。

移送审查起诉标准

根据刑法和司法解释规定，被调查人涉嫌非法经营同类营业犯罪，获取非法利益，数额在10万元以上的，经调查认为犯罪事实清楚，证据确实、充分的，应当依法移送人民检察院审查起诉。

58. 为亲友非法牟利罪

为亲友非法牟利罪，是指国有公司、企业、事业单位的工作人员，利用职务便利，将本单位的盈利业务交由自己的亲友进行经营，或者以明显高于市场的价格从自己的亲友经营管理的单位采购商品、接受服务或者以明显低于市场的价格向自己的亲友经营管理的单位销售商品、提供服务，或者从自己的亲友经营管理的单位采购、接受不合格商品、服务，致使国家利益遭受重大损失；其他公司、企业的工作人员违反法律、行政法规规定，实施上述行为，致使公司、企业利益遭受重大损失的行为。（参见刑法第 166 条）

学习提示

为亲友非法牟利罪是典型的以权谋私直接侵害企业利益的犯罪。需要注意的是，《刑法修正案（十二）》还规定了民营企业工作人员为亲友非法牟利犯罪。“恋亲不为亲徇私，念旧不为旧谋利，济亲不为亲撑腰”，特别是国有公司、企业、事业单位工作人员应当忠诚履职尽责，切实维护国有公司、企业、事业单位的利益。

罪名简释

1. 客体要件：本罪侵犯的是公司、企业、事业单位的财产权益。

2. 客观方面要件：本罪在客观方面表现为利用职务便利，为自己的亲友进行经营活动，非法提供便利，致使国家利益或者公司、企业利益遭受重大损失的行为。

为亲友进行经营活动非法提供便利的方式，包括以下3种情况：(1) 将本单位的盈利业务交由自己的亲友进行经营。其通常是行为人利用决定、参与经贸项目、购销往来掌握的经贸信息市场行情的职务便利，把明知是可以盈利本应为本单位经营的业务交由自己的亲友去经营。(2) 以明显高于市场的价格从自己的亲友经营管理的单位采购商品、接受服务或者以明显低于市场的价格向自己的亲友经营管理的单位销售商品、提供服务。简言之，就是从亲友经营管理的单位高进低出，从而损害本公司、企业的利益。（3）从自己的亲友经营管理的单位采购、接受不合格商品、服务。其要求行为人明知自己亲友经营管理单位的商品、服务不合格而仍决意购买、接受。明知，既包括行为人确实知道是不合格商品、服务，又包括行为人可能知道是不合格商品、服务。

行为人的行为必须造成了国家利益或者公司、企业利益的重大损失才能构成本罪。所谓遭受重大损失，在这里应是指因将本单位的盈利业务交由亲友进行经营而使本单位丧失了可能得到的利润，即将单位本应得到的利润转移给了自己的亲友，数额巨大的；以及因向自己亲友经营管理的单位采取高价采购商品、接受服务或低价销售商品、提供、服务，甚至采购、接受自己亲友经营管理单位的不合格商品、服务，从而将亲友经营的损失转嫁给单位，造成的损失数额巨大的。

此外，其他公司、企业的工作人员构成本罪还要求“违反法律、行政法规规定”。根据《公司法》相关规定，经过公司同意的有关关联交易行为是允许的，当然也不构成本罪。例如，经过董事会或者股东会决议，有关人员据此进行相关关联交易行为的。又如，个人独资企业、一人公司、单一股东企业、家族企业中具有决策权的老板或者企业的其他产权所有人，自愿将某项盈利业务交给亲友经营，或者决定与亲友单位做交易的，即使影响了企业利益甚至造成损失，也不宜认定为本罪，这是企业自主经营活动或者正常决策行为。

3. 主体要件：本罪的主体为特殊主体，即国有公司、企业、事业单位的工作人员以及其他公司、企业的工作人员。这里国有公司、企业、事业单位的工作人员，不仅指国有公司、企业、事业单位的国家工作人员，而是泛指国有公司、企业、事业单位的所有工作人员。

4. 主观方面要件：本罪在主观上只能由故意构成，并具有非法牟利的目的。过失不构成犯罪。

移送审查起诉标准

根据刑法和司法解释规定，被调查人涉嫌为亲友非法牟利犯罪，具有下列情形之一的，经调查认为犯罪事实清楚，证据确实、充分的，应当依法移送人民检察院审查起诉。

1. 造成国家直接经济损失数额在10万元以上的；

2. 使其亲友非法获利数额在20万元以上的；

3. 致使有关单位破产，停业、停产6个月以上或者被吊销许可证和营业执照、责令关闭、撤销、解散的；

4. 其他致使国家利益遭受重大损失的情形。

59. 枉法仲裁罪

枉法仲裁罪，是指依法承担仲裁职责的人员，在仲裁活动中故意违背事实和法律作出枉法裁决，情节严重的行为。(参见刑法第 399 条之一)

学习提示

仲裁是维护社会公平正义、化解社会矛盾纠纷的重要方式，关系仲裁当事人的切身利益。依法承担仲裁职责的人员应当根据事实，符合法律规定，公平合理地解决纠纷。对枉法仲裁，侵害仲裁机构的形象和信誉，损害仲裁当事人的合法权益的渎职行为，必须依法予以刑事制裁。

罪名简释

1. 客体要件：本罪侵犯的客体是正常的仲裁活动和仲裁当事人的合法权益。

2. 客观方面要件：本罪在客观方面表现为“在仲裁活动中故意违背事实和法律作枉法裁决，情节严重”。违背事实和法律作枉法仲裁的行为的具体方式多种多样，有的是故意伪造、搜集证据材料；有的是引诱、贿买甚至胁迫他人提供伪证；有的是篡改、毁灭证据材料；有的是故意歪曲理解法律甚至无视法律规定；有的是违反仲裁程序，压制甚或剥夺当事人的权利；等等。枉法仲裁必须发生在仲裁活动中。这里是广义的概念。凡依据《中华人民共和国仲裁法》进行的仲裁活动，均为仲裁活动。枉法仲裁的行为必须达到情节严重才能构成本罪。虽有枉法仲裁的行为，但尚未达到情节严重，仅属一般违法违纪行为，应以纪律手段处理。

3. 主体要件：本罪的主体是特殊主体，即“依法承担仲裁职责的人员”。一般是指仲裁机构的仲裁员、仲裁委员会主任、秘书长以及其他承担仲裁职责的人员。

4. *主观方面要件*：本罪的主观方面是故意，过失不能构成枉法仲裁罪。所谓故意，是指明知自己的行为会发生枉法仲裁、危害社会的结果，仍然希望或者放任这种结果发生的心理态度。

移送审查起诉标准

目前尚没有关于枉法仲裁罪追诉的司法解释，实践中枉法仲裁罪的移送起诉标准可根据刑法规定，参照民事行政枉法裁判罪的标准。一般来说，被调查人枉法仲裁，具有下列情形之一，经调查认为犯罪事实清楚，证据确实、充分的，应当依法移送人民检察院审查起诉。

1. 枉法仲裁，致使当事人或者其近亲属自杀、自残造成重伤、死亡，或者精神失常的；

2. 枉法仲裁，造成个人财产直接经济损失 10 万元以上，或者直接经济损失不满 10 万元，但间接经济损失 50 万元以上的；

3. 枉法仲裁，造成法人或者其他组织财产直接经济损失 20 万元以上，或者直接经济损失不满 20 万元，但间接经济损失 100 万元以上的；

4. 伪造、变造有关材料、证据，制造假案枉法仲裁的；

5. 串通当事人制造伪证，毁灭证据或者篡改笔录而枉法仲裁的；

6. 徇私情、私利，明知是伪造、变造的证据予以采信，或者故意对应当采信的证据不予采信，或者故意违反法定程序，或者故意错误适用法律而枉法仲裁的；

7. 其他情节严重的情形。

60. 徇私舞弊发售发票、抵扣税款、出口退税罪

徇私舞弊发售发票、抵扣税款、出口退税罪，是指税务机关的工作人员违反法律、行政法规的规定，在办理发售发票、抵扣税款、出口退税工作中，徇私舞弊，致使国家利益遭受重大损失的行为。(参见刑法第 405 条第 1 款)

学习提示

发售发票、抵扣税款、出口退税工作是国家税收管理的重要工作，关系国家税收、企业的切身利益和出口贸易。税务机关工作人员应当依法忠诚履职，对徇私舞弊发售发票、抵扣税款、出口退税，损害国家利益，扰乱税务机关的正常工作秩序，损害国家税务机关的威信的渎职行为，必须依法予以刑事制裁。

罪名简释

1. 客体要件：本罪侵害的客体是国家的税收征收管理制度和国家税收机关的正常管理活动。

2. 客观方面要件：本罪在客观方面表现为违反法律、行政法规的规定，在办理发售发票、抵扣税款、出口退税工作中，徇私舞弊。本罪中的徇私舞弊，主要表现为对不应发售发票的，予以发售；对不应抵扣或者应少抵扣税款的，擅自抵扣或者多抵扣，对不应出口退税或者应少出口退税的，违法予以退税或者多退税。同时，构成本罪必须有致使国家税收遭受重大损失的后果。

3. 主体要件：本罪的主体是税务机关的工作人员。是特殊主体，也就是指各级税务局、税务分局和税务所中代表国家依法负有向纳税人或纳税单位征收税款义务并行使征收税款职权的人员。

4. 主观方面要件：本罪在主观上是故意。过失不构成本罪。本罪须出于徇私的动机。

移送审查起诉标准

根据刑法和司法解释规定，被调查人涉嫌徇私舞弊发售发票、抵扣税款、出口退税犯罪，具有下列情形之一的，经调查认为犯罪事实清楚，证据确实、充分的，应当依法移送人民检察院审查起诉。

1. 徇私舞弊，致使国家税收损失累计达 10 万元以上的；

2. 徇私舞弊，致使国家税收损失累计不满 10 万元，但发售增值税专用发票 25 份以上或者其他发票 50 份以上或者增值税专用发票与其他发票合计 50 份以上，或者具有索取、收受贿赂或者其他恶劣情节的；

3. 其他致使国家利益遭受重大损失的情形。

61. 商检徇私舞弊罪

商检徇私舞弊罪，是指国家商检部门、商检机构的工作人员徇私舞弊，伪造检验结果的行为。（参见刑法第412条第1款）

学习提示

进出口商品检验制度是国际惯例，对于保证进出口商品的质量，维护对外贸易有关各方的合法权益，促进对外经济贸易关系的顺利发展具有重要作用。从事进出口商品检验工作的人员应当依法忠诚履职，对徇私舞弊，致使不合格的商品进口或出口，或者合格的商品不能进口或出口，损害国家利益，破坏对外经贸关系的渎职行为，必须依法予以刑事制裁。

罪名简释

1. 客体要件：本罪侵犯的客体是国家进出口商品检验部门、机构的正常活动及国家其他有关机关的正常活动。

2. 客观方面要件：本罪在客观方面表现为国家商检部门、商检机构的工作人员徇私舞弊，伪造检验结果的行为。行为的表现形式多种多样，如，对不合格的商品作检验合格的结果，对合格的商品作检验不合格的结果；为出具检验证书更换检验标的物；或者直接篡改检验证书；等等。本罪是行为犯，只要行为人实施了伪造检验结果的行为，就已经违反了国家的进出口商检制度，构成犯罪既遂。造成严重后果，只是加重法定刑的问题。

3. 主体要件：本罪的主体为特殊主体，即国家商检部门、商检机构的工作人员。

4. 主观方面要件：本罪在主观方面只能由故意构成，且有徇私的目的。过失不构成本罪。

移送审查起诉标准

根据刑法和司法解释规定，被调查人涉嫌商检徇私舞弊犯罪，具有下列情形之一的，经调查认为犯罪事实清楚，证据确实、充分的，应当依法移送人民检察院审查起诉。

1. 采取伪造、变造的手段对报检的商品的单证、印章、标志、封识、质量认证标志等作虚假的证明或者出具不真实的证明结论的；

2. 将送检的合格商品检验为不合格，或者将不合格商品检验为合格的；

3. 对明知是不合格的商品，不检验而出具合格检验结果的；

4. 其他伪造检验结果应予追究刑事责任的情形。

62. 动植物检疫徇私舞弊罪

动植物检疫徇私舞弊罪，指动植物检疫机关的检疫人员徇私舞弊，伪造检疫结果的行为。(参见刑法第413条第1款)

学习提示

进出境动植物检疫工作对于防止动植物传染病，促进对外经济贸易的发展，具有十分重要的意义。把不住动植物检疫的国门，将会给农、林、牧、渔等生产带来灾难性后果，甚至危害人类健康。动植物检疫人员应当依法忠诚履职，守好国门。对徇私舞弊，伪造检疫结果，破坏国家动植物检疫机关的正常活动，损害国家利益和声誉的渎职行为，必须依法予以刑事制裁。

罪名简释

1. 客体要件：本罪侵犯的客体是国家动植物检疫机关的正常活动。具体包括进出境国家动植物检疫机关的正常活动和国内的非进出国境的动物检疫机关的正常活动。

2. 客观方面要件：本罪在客观方面表现为动植物检疫机关的检疫人员徇私舞弊，伪造检疫结果的行为。伪造检疫结果，是指滥用职权，出具虚假的、不符合应检物品实际情况的检疫结果，如根本不对应检动植物等检疫物进行检疫而放任危害结果发生，出具虚假检疫结果；明知为不合格的检疫物品为了徇私仍然签发、出具检疫合格的单证或在海关报关单上加盖检疫合格印章，为检疫合格的检疫物品出具不合格的检疫证明等。其具体表现在所出具的检疫放行通知单、动物过境许可证、动物检疫证书、植物检疫证书、动物健康证书、兽医卫生证书、熏蒸消毒证书等有关动植物及其产品及其他检疫物健康或者卫生情况检疫证书中。伪造检疫结果，既包括伪造、出具被检疫内容全部虚假的结果，又包括伪造、出具被检疫的内容部分不符合事实的结果。构成动植物检疫徇私舞弊罪，不要求造成严重后果；造成严重后果，是动植物检疫徇私舞弊罪的加重情节。

3. 主体要件：本罪的主体是特殊主体，即动植物检疫机关的检疫人员。动植物检疫机关，包括国家动植物检疫机关及其在对外开放的口岸和进出境动植物检疫业务集中的地点设立的口岸动植物检疫机关。

4. 主观方面要件：本罪在主观方面必须是出于故意，犯罪动机是徇私，有的是为了贪图钱财等不法利益，有的是因碍于亲朋好友情面而徇私舞弊，有的是出于报复或嫉妒心理而徇私舞弊等。

移送审查起诉标准

根据刑法和司法解释规定，被调查人涉嫌动植物检疫徇私舞弊犯罪，具有下列情形之一的，经调查认为犯罪事实清楚，证据确实、充分的，应当依法移送人民检察院审查起诉。

1. 采取伪造、变造的手段对检疫的单证、印章、标志、封识等作虚假的证明或者出具不真实的结论的；

2. 将送检的合格动植物检疫为不合格，或者将不合格动植物检疫为合格的；

3. 对明知是不合格的动植物，不检疫而出具合格检疫结果的；

4. 其他伪造检疫结果应予追究刑事责任的情形。

63. 放纵走私罪

放纵走私罪，是指海关工作人员徇私舞弊，违反法律规定，明知是走私行为而予以放纵，使之不受查究，情节严重的行为。（参见刑法第411条）

学习提示

走私是一种跨越国界的违法犯罪行为，是国际社会共同打击的对象。它不仅破坏正常的市场经济秩序，影响国家税收，损害国家经济利益，而且严重影响社会稳定。海关工作人员要当好“国门卫士”，依法忠诚履行进出境监督管理职责。对徇私舞弊，放纵走私，破坏海关监督秩序，损害国家机关特别是海关威信的渎职行为，情节严重的，必须依法予以刑事制裁。

罪名简释

1. 客体要件：本罪侵犯的客体是国家的海关监管制度。

2. 客观方面要件：本罪在客观方面表现为海关工作人员徇私舞弊，放纵走私，情节严重的行为。徇私舞弊的方法，通常表现为搜集、制造、提供假证据材料，篡改、毁灭证实真相的证据材料，歪曲事实，或者通风报信、私放、窝藏走私分子或者私放走私货物进出国（边）境等方法，纵容走私违法犯罪活动。需要注意的是，海关工作人员徇私舞弊，放纵走私的行为，一般只能发生在侦查或者查处阶段。

海关工作人员徇私舞弊、放纵走私的行为只有在情节严重时才构成犯罪。

3. 主体要件：本罪主体为特殊主体，即海关工作人员。

4. 主观方面要件：本罪在主观方面必须是出于故意。犯罪动机是徇私，有的是为了贪图钱财等不法利益，有的是因碍于亲朋好友情面而徇私舞弊，有的是出于报复或嫉妒心理而徇私舞弊，等等。

移送审查起诉标准

根据刑法和司法解释规定，被调查人涉嫌放纵走私犯罪，具有下列情形之一的，经调查认为犯罪事实清楚，证据确实、充分的，应当依法移送人民检察院审查起诉。

1. 放纵走私犯罪的；

2. 因放纵走私致使国家应收税额损失累计达 10 万元以上的；

3. 放纵走私行为 3 起次以上的；

4. 放纵走私行为，具有索取或者收受贿赂情节的；

5. 其他情节严重的情形。

64. 放纵制售伪劣商品犯罪行为罪

放纵制售伪劣商品犯罪行为罪，是指对生产、销售伪劣商品犯罪行为负有追究责任的国家机关工作人员，徇私舞弊，不履行法律规定的追究职责，情节严重的行为。（参见刑法第414条）

学习提示

生产、销售伪劣商品的犯罪活动，严重危害国计民生，必须严厉打击。负有相关责任的国家机关工作人员，应当依法忠诚履职，切实保护消费者的合法权益，保障人民群众的生命健康和财产安全，维护社会经济秩序。对徇私舞弊，不履行法律规定的追究职责，破坏国家对产品质量的监督管理制度，严重妨害监督管理活动的渎职行为，必须依法予以刑事制裁。

罪名简释

1. 客体要件：本罪侵犯的客体是国家对产品质量的监督管理制度。

2. 客观方面要件：本罪在客观方面表现为徇私舞弊，对生产、销售伪劣商品犯罪的行为不履行法律规定的追究责任，情节严重的行为。构成本罪表现为不作为。徇私舞弊，一般是为了满足私情、私利，在从事公务追究活动中，故意违背事实和法律，不履行法律规定的追究职责，弄虚作假，应为而不为的行为。不履行法律规定的追究职责的行为方式多种多样，如该调查不调查，该查封、扣押伪劣商品的不予查封、扣押，该处罚的不处罚等。本罪在客观方面表现为纯正的不作为。

构成本罪，必须是不履行法律规定的追究生产、销售伪劣商品犯罪行为达到情节严重的程度。

3. 主体要件：本罪的主体为特殊主体，即负有追究责任的国家机关工作人员。主要是指负有法律规定的查处生产、销售伪劣商品的违法犯罪行为义务的国家工作人员，包括各级政府中主管查禁生产、销售伪劣商品的人员；有查禁职责的公、检、法机关中的司法人员；以及行业主管部门如市场监督管理部门中的人员。

4. *主观方面要件*：本罪在主观方面是故意。即明知是有生产、销售伪劣商品犯罪行为的犯罪分子而不予追究刑事责任。如果不知是犯罪分子，而不予追究刑事责任，不构成本罪。本罪的动机是徇私。

移送审查起诉标准

根据刑法和司法解释规定，被调查人涉嫌放纵制售伪劣商品犯罪行为犯罪，具有下列情形之一的，经调查认为犯罪事实清楚，证据确实、充分的，应当依法移送人民检察院审查起诉。

1. 放纵生产、销售假药或者有毒、有害食品犯罪行为的；

2. 放纵生产、销售伪劣农药、兽药、化肥、种子犯罪行为的；

3. 放纵依法可能判处 3 年有期徒刑以上刑罚的生产、销售伪劣商品犯罪行为的；

4. 对生产、销售伪劣商品犯罪行为不履行追究职责，致使生产、销售伪劣商品犯罪行为得以继续的；

5. 3 次以上不履行追究职责，或者对 3 个以上有生产、销售伪劣商品犯罪行为的单位或者个人不履行追究职责的；

6. 其他情节严重的情形。

65. 招收公务员、学生徇私舞弊罪

招收公务员、学生徇私舞弊罪，是指国家机关工作人员在招收公务员、学生工作中徇私舞弊，情节严重的行为。（参见刑法第418条）

学习提示

公平正义是人民群众获得安全感和幸福感的重要保障。党的十八大以来，随着《中华人民共和国公务员法》《公务员录用规定》《公务员录用违规违纪行为处理办法》等法律法规的进一步完善，为规范公务员招录、严把公务员队伍入口关，构筑起严密的制度规范。同时，我们国家在保障升学公平公正、保护公民受教育权的法律规定方面，也是比较完善的。从事招收工作的国家机关工作人员应当依法忠诚履职，对在招考工作中徇私舞弊，严重破坏国家对招收公务员、学生的招考制度，妨害国家对人才的选拔、培养，危害国家机关管理活动的渎职行为，必须依法予以刑事制裁。

罪名简释

1. 客体要件：本罪侵犯的客体是国家机关的正常活动和招收工作制度。

2. 客观方面要件：本罪在客观方面表现为利用职务之便或者不依法履行职责，在招收公务员、学生工作中徇私舞弊，情节严重的行为。

所谓徇私舞弊，是指出于个人目的，将不符合招收条件的人员予以录用或录取。其方式多种多样，有的是篡改年龄如加大年龄或者降低年龄；有的篡改考试成绩；有的是隐瞒不良表现如违法犯罪行为；有的是伪造体检表、个人履历表及立功受奖记录；有的是篡改档案材料；有的是故意排挤符合条件的候选人以便让不符合条件的人补缺；等等。但无论方式如何，其目的都是将不符合条件的情况隐瞒或者伪装为符合条件，以违反规定予以录用、录取。构成本罪，需要达到情节严重。

3. 主体要件：本罪的主体是特殊主体，即是负有招收公务员、学生职责的国家机关工作人员。如各级人民政府中的人事部门、教育行政管理部门的工作人员。

4. 主观方面要件：本罪在主观方面，必须是出于故意，即行为人明知自己的徇私舞弊行为是违反有关法律规定的，明知自己行为可能产生的后果，而对这种后果的发生持希望或者放任的态度。

移送审查起诉标准

根据刑法和司法解释规定，被调查人涉嫌招收公务员、学生徇私舞弊犯罪，具有下列情形之一的，经调查认为犯罪事实清楚，证据确实、充分的，应当依法移送人民检察院审查起诉。

1. 徇私舞弊，利用职务便利，伪造、变造人事、户口档案、考试成绩或者其他影响招收工作的有关资料，或者明知是伪造、变造的上述材料而予以认可的；

2. 徇私舞弊，利用职务便利，帮助5名以上考生作弊的；

3. 徇私舞弊招收不合格的公务员、学生3人次以上的；

4. 因徇私舞弊招收不合格的公务员、学生，导致被排挤的合格人员或者其近亲属自杀、自残造成重伤、死亡，或者精神失常的；

5. 因徇私舞弊招收公务员、学生，导致该项招收工作重新进行的；

6. 其他情节严重的情形。

66. 徇私舞弊不移交刑事案件罪

徇私舞弊不移交刑事案件罪，是指行政执法人员徇私舞弊，对依法应当移交司法机关追究刑事责任的不移交，情节严重的行为。(参见刑法第402条)

学习提示

行政执法机关担负着执行法律、法规，管理国家，维护国家安全、社会秩序、经济秩序的职责，享有法律授予的行政处罚权、行政裁决权。行政执法人员应当依法行政，严格执法。对违背职责，徇私舞弊，枉法行政，对依法应当移交司法机关追究刑事责任的案件不移交，损害国家和人民利益，破坏国家机关的管理活动和形象的渎职行为，必须依法予以刑事制裁。

罪名简释

1. 客体要件：本罪侵犯的客体是行政执法机关的正常执法活动。

2. 客观方面要件：本罪在客观方面，表现为对依法应当移交司法机关追究刑事责任的不移交，情节严重的行为。依法应当移交司法机关追究刑事责任的不移交，是指行政执法人员在履行职责的过程中，明知违法行为已经构成犯罪，应当移送司法机关追究刑事责任而不移送，予以隐瞒、掩饰；或者大事化小，以行政处罚代替刑事处罚。构成本罪必须达到情节严重。

3. 主体要件：本罪的犯罪主体为特殊主体，即行政执法人员，主要是指在公安、市场监督管理、税务、海关、检疫等行政机关中依法行使行政职权的公务人员。

4. 主观方面要件：本罪在主观方面，必须是出于故意。犯罪动机可能是多种多样的，有的是为了贪图钱财等不法利益，有的是因碍于亲朋好友情面而徇私舞弊，有的是出于报复或嫉妒心理而徇私舞弊，等等。

移送审查起诉标准

根据刑法和司法解释规定，被调查人涉嫌徇私舞弊不移交刑事案件犯罪，具有下列情形之一的，经调查认为犯罪事实清楚，证据确实、充分的，应当依法移送人民检察院审查起诉。

1. 对依法可能判处3年以上有期徒刑、无期徒刑、死刑的犯罪案件不移交的；

2. 不移交刑事案件涉及3人次以上的；

3. 司法机关提出意见后，无正当理由仍然不予移交的；

4. 以罚代刑，放纵犯罪嫌疑人，致使犯罪嫌疑人继续进行违法犯罪活动的；

5. 行政执法部门主管领导阻止移交的；

6. 隐瞒、毁灭证据，伪造材料，改变刑事案件性质的；

7. 直接负责的主管人员和其他直接责任人员为牟取本单位私利而不移交刑事案件，情节严重的；

8. 其他情节严重的情形。

67. 违法提供出口退税凭证罪

违法提供出口退税凭证罪，是指税务机关以外的其他国家机关工作人员违反国家规定，在提供出口货物报关单、出口收汇核销单等出口退税凭证的工作中，徇私舞弊，致使国家利益遭受重大损失的行为。（参见刑法第405条第2款）

学习提示

国家设立出口退税制度，目的是为了鼓励企业出口创汇，提高参与国际竞争的能力，有关国家机关工作人员应当依法为企业提供出口退税凭证，确保国家税收优惠政策有效实施，维护国家税款安全。对徇私舞弊，为他人非法提供出口退税凭证，严重干扰国家出口退税管理制度，损害国家税收利益的渎职行为，必须依法予以刑事制裁。

罪名简释

1. 客体要件：本罪侵犯的客体是国家的税收管理制度和国家机关的正常管理活动。

2. 客观方面要件：本罪在客观方面表现为行为人违反国家规定，在提供出口货物报关单、出口收汇核销单等出口退税凭证的工作中，徇私舞弊，致使国家利益遭受重大损失的行为。

3. 主体要件：本罪的主体是特殊主体。即税务机关工作人员以外的其他国家机关工作人员，主要是指承担着提供出口货物报关单和出口收汇核销单等出口退税凭证职责的海关工作人员及其他国家机关工作人员。凡是办理出口退税凭证工作的国家机关工作人员，都可以成为本罪的主体。

4. 主观方面要件：本罪在主观方面是故意，且具有徇私的动机。过失不构成本罪。

移送审查起诉标准

根据刑法和司法解释规定，被调查人涉嫌违法提供出口退税凭证犯罪，具有下列情形之一的，经调查认为犯罪事实清楚，证据确实、充分的，应当依法移送人民检察院审查起诉。

1. 徇私舞弊，致使国家税收损失累计达 10 万元以上的；

2. 徇私舞弊，致使国家税收损失累计不满 10 万元，但具有索取、收受贿赂或者其他恶劣情节的；

3. 其他致使国家利益遭受重大损失的情形。

68. 徇私舞弊不征、少征税款罪

徇私舞弊不征、少征税款罪，是指税务机关的工作人员徇私舞弊，不征或者少征应征税款，致使国家税收遭受重大损失的行为。(参见刑法第404条)

学习提示

税收是国家财政最主要的收入形式和来源，关系国计民生。税务机关的工作人员应当严格执行税收征收管理法，认真履行征税的法定义务。对徇私舞弊不征、少征税款，给国家税收造成重大损失，危害国家税收管理制度的渎职行为，必须依法予以刑事制裁。

罪名简释

1. 客体要件：本罪侵害的客体是国家的税收征收管理制度和国家税收机关的正常管理活动。

2. 客观方面要件：本罪在客观方面表现为税务机关的工作人员徇私舞弊，不征或者少征应征税款，致使国家税收遭受重大损失的行为。徇私舞弊不征或者少征应征税款的行为表现在税收征管的各个环节中。本罪的行为方式属于不作为的犯罪，“不征”是不作为，“少征”虽然征收一部分，但还有一部分应当征收的没征收，就未征收的部分而言，“不征”也是一种不作为。构成本罪必须致使国家税收遭受重大的损失。

3. 主体要件：本罪的主体是特殊主体，是履行征收税款职责的国家机关工作人员，即税务机关工作人员，也就是指各级税务局、税务分局和税务所中代表国家依法负有向纳税人或纳税单位征收税款义务并行使征收税款职权的人员。

4. 主观方面要件：本罪在主观方面表现为故意。过失不构成本罪。

移送审查起诉标准

根据刑法和司法解释规定，被调查人涉嫌徇私舞弊不征、少征税款犯罪，具有下列情形之一的，经调查认为犯罪事实清楚，证据确实、充分的，应当依法移送人民检察院审查起诉。

1. 徇私舞弊不征、少征应征税款，致使国家税收损失累计达 10 万元以上的；

2. 上级主管部门工作人员指使税务机关工作人员徇私舞弊不征、少征应征税款，致使国家税收损失累计达 10 万元以上的；

3. 徇私舞弊不征、少征应征税款不满 10 万元，但具有索取或者收受贿赂或者其他恶劣情节的；

4. 其他致使国家税收遭受重大损失的情形。

69. 徇私枉法罪

徇私枉法罪，是指司法工作人员徇私枉法、徇情枉法，对明知是无罪的人而使他受追诉，对明知是有罪的人而故意包庇不使他受追诉，或者在刑事审判活动中故意违背事实和法律作枉法裁判的行为。（参见刑法第399条第1款）

学习提示

公正是法治的生命线。作为司法的基本属性，公正司法在推进国家治理体系和治理能力现代化的进程中意义重大。司法工作人员应当刚正不阿，忠于国家和人民的利益，忠于法律制度，忠于事实真相，严格依法办事，维护社会公平正义。对滥用职权徇私枉法，破坏国家司法机关的正常活动，损害司法机关威信的犯罪行为，必须依法予以刑事制裁。

罪名简释

1. 客体要件：本罪侵犯的客体是国家司法机关的正常活动。

2. 客观方面要件：本罪在客观方面表现为在刑事诉讼中徇私、徇情枉法的行为。所谓徇私、徇情枉法，是指出于个人目的，为了私利私情，而故意歪曲事实，违背法律作错误裁判。根据刑法第 399 条规定，徇私、徇情可以表现为下列几种基本形式，即：

一是对明知是无罪的人而使他受追诉；

二是对明知是有罪的人而故意包庇不使他受追诉；

三是在刑事审判活动中故意违背事实和法律作枉法裁判。

3. 主体要件：本罪的主体是特殊主体，即司法工作人员。主要是司法工作人员中从事侦查、检察、审判工作的人员。包括公安、国安、监狱、军队保卫部门、人民检察院中的侦查人员；人民检察院包括铁路运输检察院、林业检察院等专门检察院的检察人员；人民法院的审判人员。

4. 主观方面要件：本罪在主观方面表现为故意，

过失不构成本罪。犯罪的目的是放纵罪犯，或者冤枉好人，动机是徇私、徇情，具体表现多种多样：有的是图谋私利，贪赃受贿；有的是报复陷害他人；有的是徇私情，袒护、包庇亲友；有的是横行霸道，逞威逞能等。

移送审查起诉标准

根据刑法和司法解释规定，被调查人涉嫌徇私枉法犯罪，具有下列情形之一的，经调查认为犯罪事实清楚，证据确实、充分的，应当依法移送人民检察院审查起诉。

1. 对明知是没有犯罪事实或者其他依法不应当追究刑事责任的人，采取伪造、隐匿、毁灭证据或者其他隐瞒事实、违反法律的手段，以追究刑事责任为目的立案、侦查、起诉、审判的；

2. 对明知是有犯罪事实需要追究刑事责任的人，采取伪造、隐匿、毁灭证据或者其他隐瞒事实、违反法律的手段，故意包庇使其不受立案、侦查、起诉、审判的；

3. 采取伪造、隐匿、毁灭证据或者其他隐瞒事实、违反法律的手段，故意使罪重的人受较轻的追诉，或者使罪轻的人受较重的追诉的；

4. 在立案后，采取伪造、隐匿、毁灭证据或者其他隐瞒事实、违反法律的手段，应当采取强制措施而不采取强制措施，或者虽然采取强制措施，但中断侦查或者超过法定期限不采取任何措施，实际放任不管，以及违法撤销、变更强制措施，致使犯罪嫌疑人、被告人实际脱离司法机关侦控的；

5. 在刑事审判活动中故意违背事实和法律，作出枉法判决、裁定，即有罪判无罪、无罪判有罪，或者重罪轻判、轻罪重判的；

6. 其他徇私枉法应予追究刑事责任的情形。

70. 民事、行政枉法裁判罪

民事、行政枉法裁判罪，是指审判人员在民事、行政审判活动中故意违背事实和法律作枉法裁判，情节严重的行为。（参见刑法第 399 条第 2 款）

学习提示

民事审判、行政审判是人民法院的重要审判工作，涉及诉讼群众的切身利益和国家机关的形象。从事民事、行政审判活动的审判人员应当忠于法律和事实，严格依法裁判。对滥用职权徇私舞弊，故意违背事实和法律，枉法裁判，严重损害诉讼当事人权益，破坏国家司法机关的正常活动，损害司法机关威信的犯罪行为，必须依法予以刑事制裁。

罪名简释

1. 客体要件：本罪所侵害的客体是国家审判机关的正常活动。

2. 客观方面要件：本罪在客观方面表现为在民事、行政审判活动中故意违背事实和法律作枉法裁判，情节严重的行为。违背事实和法律作枉法裁判行为的具体方式多种多样，有的是故意伪造、搜集证据材料；有的是引诱、贿买甚至胁迫他人提供伪证；有的是篡改、毁灭证据材料；有的是故意歪曲理解法律甚至无视法律规定；有的是违反诉讼程序，压制甚或剥夺当事人的诉讼权利；等等。枉法裁判必须发生在民事、行政审判活动中。这里是广义的概念。凡依据《中华人民共和国民事诉讼法》进行的审判，均为民事审判。枉法裁判的行为必须达到情节严重才能构成本罪。虽有枉法裁判的行为，但尚未达到情节严重，仅属违法违纪行为，应以行政纪律手段处理。

3. 主体要件：本罪的主体为特殊主体，即仅限于司法工作人员。实际能构成本罪的主要是那些从事民事、行政审判工作的审判人员，因为只有他们才能利用职权而枉法裁判，具体包括各级人民法院院长、副院长、审判委员会委员、庭长、副庭长、审判员及助理审判员等。

4. 主观方面要件：本罪在主观方面必须出于故意，即明知自己的行为违背了事实和法律属枉法裁判但仍然决意为之。过失不能构成本罪。如果由于过失致使国家和人民利益及公共财产遭受重大损失，构成犯罪的，应定玩忽职守罪。

移送审查起诉标准

根据刑法和司法解释规定，被调查人涉嫌民事、行政枉法裁判犯罪，具有下列情形之一的，经调查认为犯罪事实清楚，证据确实、充分的，应当依法移送人民检察院审查起诉。

1. 枉法裁判，致使当事人或者其近亲属自杀、自残造成重伤、死亡，或者精神失常的；

2. 枉法裁判，造成个人财产直接经济损失 10 万元以上，或者直接经济损失不满 10 万元，但间接经济损失 50 万元以上的；

3. 枉法裁判，造成法人或者其他组织财产直接经济损失 20 万元以上，或者直接经济损失不满 20 万元，但间接经济损失 100 万元以上的；

4. 伪造、变造有关材料、证据，制造假案枉法裁判的；

5. 串通当事人制造伪证，毁灭证据或者篡改庭审笔录而枉法裁判的；

6. 徇私情、私利，明知是伪造、变造的证据予以采信，或者故意对应当采信的证据不予采信，或者故意违反法定程序，或者故意错误适用法律而枉法裁判的；

7. 其他情节严重的情形。

71. 私放在押人员罪

私放在押人员罪，是指司法工作人员私放在押（包括在羁押场所和押解途中）的犯罪嫌疑人、被告人或者罪犯的行为。（参见刑法第400条第1款）

学习提示

监管机关关押犯罪嫌疑人、被告人和罪犯的目的，是为了惩罚和改造他们，使他们成为自食其力的新人，消除其继续犯罪的条件，防止他们继续危害社会。负有监管职责的司法工作人员应当依法忠诚履职，把在押人员看好管好。对利用职务上的便利，私自将在押的犯罪嫌疑人、被告人或者罪犯非法释放，严重破坏监管机关的监管制度的犯罪行为，必须依法予以刑事制裁。

罪名简释

1. 客体要件：本罪侵犯的客体是国家监管机关的监管制度，即看守所、拘留所、少年犯管教所、拘役所、劳改队、监狱等监管机关的监管制度。

本罪的对象，是被关押的犯罪嫌疑人、被告人和罪犯，包括已决犯和未决犯。

2. 客观方面要件：本罪在客观方面表现为私自将被关押的犯罪嫌疑人、被告人、罪犯非法释放的行为。私放犯罪嫌疑人、被告人、罪犯可由作为和不作为构成。其行为方式有的是滥用职权，篡改刑期，使犯罪嫌疑人、被告人、罪犯“合法”逃避关押；有的虽未篡改刑期，但假借事由，将刑期未满的犯罪嫌疑人、被告人、罪犯擅自作为刑满释放；有的则把依法逮捕的罪犯有意当作错捕释放；也有的利用提审、押解罪犯的机会私放犯罪嫌疑人、被告人、罪犯而谎称罪犯脱逃；或者为罪犯逃离关押场所创造条件等。私放犯罪嫌疑人、被告人、罪犯采取何种方式，在什么场合，是在关押场所，还是在押解途中，都不影响定罪。但私放犯罪嫌疑人、被告人、罪犯的手段是否恶劣及其危害后果的大小，是量刑考虑的轻重情节。

3. 主体要件：本罪的主体是司法工作人员，主要是负有监管职责的司法工作人员。其中包括在看守所、拘留所、少年犯管教所、拘役所、劳改队、监狱工作的管教人员和看守人员，以及执行逮捕和押解罪犯的人员。

4. 主观方面要件：本罪在主观方面表现为故意，即明知是犯罪嫌疑人、被告人、罪犯，而故意将其非法释放，犯罪的动机是多种多样的，有的是由于贪赃受贿，有的是出于包庇同伙，有的是徇私徇情等，犯罪动机不影响本罪的成立。

移送审查起诉标准

根据刑法和司法解释规定，被调查人涉嫌私放在押人员犯罪，具有下列情形之一的，经调查认为犯罪事实清楚，证据确实、充分的，应当依法移送人民检察院审查起诉。

1. 私自将在押的犯罪嫌疑人、被告人、罪犯放走，或者授意、指使、强迫他人将在押的犯罪嫌疑人、被告人、罪犯放走的；

2. 伪造、变造有关法律文书、证明材料，以使在押的犯罪嫌疑人、被告人、罪犯逃跑或者被释放的；

3. 为私放在押的犯罪嫌疑人、被告人、罪犯，故意向其通风报信、提供条件，致使该在押的犯罪嫌疑人、被告人、罪犯脱逃的；

4. 其他私放在押的犯罪嫌疑人、被告人、罪犯应予追究刑事责任的情形。

72. 徇私舞弊减刑、假释、暂予监外执行罪

徇私舞弊减刑、假释、暂予监外执行罪，是指司法工作人员徇私舞弊，对不符合减刑、假释、暂予监外执行条件的罪犯，予以减刑、假释或者暂予监外执行的行为。（参见刑法第401条）

学习提示

减刑、假释、暂予监外执行，对落实惩办与宽大相结合的刑事政策，激励罪犯改过自新，具有积极意义。负有相应职责的司法工作人员应当依法认真履职，严格按照法律规定的条件和程序实施减刑、假释、暂予监外执行。利用职务便利徇私舞弊，对不符合减刑、假释、暂予监外执行条件的罪犯，予以减刑、假释或者暂予监外执行，严重破坏司法机关的正常秩序，损害司法机关威信的犯罪行为，必须依法予以刑事制裁。

罪名简释

1. 客体要件：本罪侵犯的客体，是国家司法机关的正常活动。司法工作人员徇私舞弊行为必然会严重损害国家和人民利益或者侵犯公民人身权利、民主权利和其他合法权益，在群众中造成恶劣影响，干扰司法机关的正常活动。

2. 客观方面要件：本罪在客观方面表现为徇私舞弊，对不符合减刑、假释、暂予监外执行条件的罪犯，予以减刑、假释或者暂予监外执行的行为。所谓减刑，是指对被判处管制、拘役、有期徒刑、无期徒刑、死刑缓期2年执行的犯罪分子，在执行刑罚的过程中，如果认真遵守监规，接受教育改造，确有悔改或立功表现等法定事由，而由人民法院依法适当减轻原判刑罚的一种刑罚制度。所谓假释，是指对被判处有期徒刑或者无期徒刑的犯罪分子，经过法定期限后，如果认真遵守监规，接受教育改造，确有悔改表现，不致再危害社会，由人民法院依法裁定有条件地提前释放的刑罚制度。所谓暂予监外执行，是指对被判处无期徒刑、有期徒刑或者拘役的罪犯，由于出现具有严重疾病需要保外就医等法律规定的某种特殊情况，不适宜在监狱执行刑罚所暂时采取的一种不予关押而在监狱外执行的变通做法。

如果罪犯不符合法律规定的条件，行为人徇私舞弊，为其减刑、假释或者决定暂予监外执行，即可构成本罪，根据本罪主体性质的不同，其行为方式具体可分为2种情况：一是监狱、未成年犯管教所等执行机关的工作人员明知罪犯不符合减刑、假释或者暂予监外执行的条件，捏造事实，伪造证据，如伪造悔改或立功表现、病历诊断证明、实际执行的刑期等，制作、报请内容虚假的有关减刑、假释、暂予监外执行的材料；二是有权决定减刑、假释、暂予监外执行的司法工作人员明知罪犯不符合减刑、假释或者暂予监外执行的条件，而非法作出减刑、假释裁定或者暂予监外执行的决定。

3. 主体要件：本罪主体要件，是特殊主体，即必须具有司法职权的国家司法工作人员，实际能构成其罪的，则为那些具有报请或者决定减刑、假释、暂予监外执行职权的司法工作人员。与司法工作人员伙同进行本罪行为的，以共犯追究刑事责任。

4. 主观方面要件：本罪在主观方面必须是出于故意。过失不构成本罪。行为人的犯罪动机可能是多种多样的，有的是为了贪图钱财等不法利益，有的是因碍于亲朋好友情面而徇私舞弊，有的是出于报复或嫉妒心理而徇私舞弊等。

移送审查起诉标准

根据刑法和司法解释规定，被调查人涉嫌徇私舞弊减刑、假释、暂予监外执行犯罪，具有下列情形之一的，经调查认为犯罪事实清楚，证据确实、充分的，应当依法移送人民检察院审查起诉。

1. 刑罚执行机关的工作人员对不符合减刑、假释、暂予监外执行条件的罪犯，捏造事实，伪造材料，违法报请减刑、假释、暂予监外执行的；

2. 审判人员对不符合减刑、假释、暂予监外执行条件的罪犯，徇私舞弊，违法裁定减刑、假释或者违法决定暂予监外执行的；

3. 监狱管理机关、公安机关的工作人员对不符合暂予监外执行条件的罪犯，徇私舞弊，违法批准暂予监外执行的；

4. 不具有报请、裁定、决定或者批准减刑、假释、暂予监外执行权的司法工作人员利用职务上的便利，伪造有关材料，导致不符合减刑、假释、暂予监外执行条件的罪犯被减刑、假释、暂予监外执行的；

5. 其他徇私舞弊减刑、假释、暂予监外执行应予追究刑事责任的情形。

五、重大责任事故类犯罪

根据《中华人民共和国监察法实施条例》第30条的规定，重大责任事故类犯罪共包含12个罪名：重大责任事故罪，教育设施重大安全事故罪，消防责任事故罪，重大劳动安全事故罪，强令、组织他人违章冒险作业罪，危险作业罪，不报、谎报安全事故罪，铁路运营安全事故罪，重大飞行事故罪，大型群众性活动重大安全事故罪，危险物品肇事罪，工程重大安全事故罪。

需要说明的是，从《中华人民共和国刑法》规定来看，这些罪名的犯罪主体包括对生产、作业负有组织、指挥或者管理职责的负责人、管理人员、实际控制人、投资人等人员，以及直接从事生产、作业的人员等，并不要求一定是公职人员。公职人员在行使公权力过程中涉及本类犯罪时，由监察机关管辖，否则由公安机关管辖。

73. 重大责任事故罪

重大责任事故罪，是指在生产、作业中违反有关安全管理的规定，因而发生重大伤亡事故或者造成其他严重后果的行为。（参见刑法第134条第1款）

学习提示

重大责任事故罪是近年来常见多发的一种犯罪行为，不仅危及人民群众的生命安全，也造成了国家和群众财产的重大损失，严重地阻碍企事业单位的正常经营和发展，危害社会稳定。工厂、矿山、林场、建筑企业或者其他企业、事业单位的职工，都应当牢记安全至上、生命至上，依法依规开展生产、作业。对违反有关安全管理规定，发生重大伤亡事故或者造成其他严重后果的犯罪行为，必须依法予以刑事制裁。

罪名简释

1. 客体要件：本罪侵犯的客体是公司、企业、事业单位的生产安全。

2. 客观方面要件：本罪在客观方面表现为在生产、作业中违反有关安全管理规定，导致发生重大伤亡事故或者造成其他严重后果。这里的违反有关安全管理规定，是指违反有关生产安全的法律、法规、规章制度等。这种有关安全生产规定包括以下 3 种情形：（1）国家颁布的各种有关安全生产的法律、法规等规范性文件；（2）企业、事业单位及其上级管理机关制定的反映安全生产客观规律的各种规章制度，包括工艺技术、生产操作、技术监督、劳动保护、安全管理等方面的规程、规则、章程、条例、办法和制度；（3）虽无明文规定，但反映生产、科研、设计、施工的安全操作客观规律和要求，在实践中为职工所公认的行之有效的操作习惯和惯例等。

构成重大责任事故罪必须是发生重大伤亡事故或者造成其他严重后果。

3. 主体要件：本罪的犯罪主体是指对生产、作业负有组织、指挥或者管理职责的负责人、管理人员、实际控制人、投资人等人员，以及直接从事生产、作业的人员。

4. **主观方面要件**：本罪在主观方面是过失。这里的过失，是指应当预见到自己的行为可能发生重大伤亡事故或者造成其他严重后果，因为疏忽大意而没有预见或者已经预见而轻信能够避免，以致发生这种结果的主观心理状态。

移送审查起诉标准

根据刑法和司法解释规定，被调查人涉嫌重大责任事故犯罪，具有下列情形之一的，经调查认为犯罪事实清楚，证据确实、充分的，应当依法移送人民检察院审查起诉。

1. 造成死亡 1 人以上，或者重伤 3 人以上的；

2. 造成直接经济损失 100 万元以上的；

3. 其他造成严重后果或者重大安全事故的情形。

74. 教育设施重大安全事故罪

教育设施重大安全事故罪，是指明知校舍或者教育教学设施有危险，而不采取措施或者不及时报告，致使发生重大伤亡事故的行为。教育设施，主要指学校的教室、宿舍、食堂、围墙、体育设施等。(参见刑法第 138 条)

学习提示

教育是社会主义现代化建设的基础，而校舍和教育教学设施则是进行教育的最基本条件。校舍、教育教学设施必须符合安全标准，这样才能保障正常的教学秩序和广大师生员工的人身安全。对校舍、教育教学设施负有安全责任的主管人员和直接责任人员必须正确履行职责，维护教学活动的正常进行和师生员工的人身安全。对明知校舍或者教育教学设施有危险，而不采取措施或者不及时报告，致使发生重大伤亡事故的犯罪行为，必须依法予以刑事制裁。

罪名简释

1. 客体要件：本罪侵犯的客体是学校及其他教育机构的正常活动和师生员工的人身安全。

2. 客观方面要件：本罪在客观方面表现为明知校舍或者教育教学设施具有危险而仍不采取措施或者不及时报告，致使发生重大伤亡事故的行为。不采取措施既包括根本没有采取任何措施，也包括虽采取措施，但是敷衍了事，做做样子，措施不得力。不及时报告，是指根本没有报告或者虽然作了报告但不及时。及时，在这里应当理解为一发现险情，就应当立即报告。能够采取有效措施而不采取有效措施向有关人员报告的，亦应以本罪行为论处，而不能以及时报告为由推卸责任。至于具体方式则多种多样。构成本罪必须导致重大伤亡事故的发生。所谓重大伤亡事故，根据有关司法解释的规定，主要是指造成死亡1人以上，或者重伤3人以上的。

3. 主体要件：本罪的主体为特殊主体，即对校舍或者教育教学设施负有维护义务的直接人员。主要是学校领导、负责学校后勤维修工作的职工。

4. 主观方面要件：本罪在主观方面表现为过失。

可以是疏忽大意的过失，也可以是过于自信的过失。这里所说的过失，是指行为人对其所造成的危害结果的心理状态而言。但是，对行为人不采取措施或者不及时报告的行为来说，有时却是明知故犯的。行为人明知校舍或者教育教学设施有危险，但却未想到会因此立即产生严重后果，或者轻信能够避免，以致发生了严重后果。

移送审查起诉标准

根据刑法和司法解释规定，被调查人涉嫌教育设施重大安全事故犯罪，造成死亡 1 人以上，或者重伤 3 人以上的，经调查认为犯罪事实清楚，证据确实、充分的，应当依法移送人民检察院审查起诉。

75. 消防责任事故罪

消防责任事故罪，是指违反消防管理法规，经消防监督机构通知采取改正措施而拒绝执行，造成严重后果的行为。（参见刑法第 139 条）

学习提示

消防安全关系国计民生和社会的安定，涉及各行各业、千家万户。每个单位和公民都必须严格遵守消防法规，认真做好消防工作，及时消除火灾隐患。《中华人民共和国消防法》在 2019 年、2021 年两次修改，以及《刑法修正案（十一）》等，均加大了对消防安全违法犯罪行为的打击力度，强化了消防安全主体责任落实。对片面追求经济效益，违反消防管理法规，经消防监督机构通知采取改正措施而拒绝执行，因而发生火灾，严重破坏消防监督管理秩序，危害公共安全，给国家、集体和人民群众带来巨大损失的犯罪行为，必须依法予以刑事制裁。

罪名简释

1. 客体要件：本罪侵犯的客体是国家的消防监督制度和公共安全。

2. 客观方面要件：本罪在客观方面表现为违反消防管理法规且经消防监督机构通知采取改正措施而拒绝执行的行为。违反消防管理法规而造成严重后果，是这种犯罪行为的本质特征。

构成消防责任事故罪，必须是达到造成严重后果。

3. 主体要件：本罪的主体为一般主体。行为人既包括自然人，年满16周岁、具有刑事责任能力的人，也包括单位。

4. 主观方面要件：本罪在主观方面表现为过失。可以是疏忽大意的过失，也可以是过于自信的过失。这里所说的过失，是指行为人对其所造成的危害结果的心理状态而言。行为人主观上并不希望火灾事故发生，但就其违反消防管理法规，经消防机构通知采取改正措施而拒绝执行而言，则却是明知故犯的。行为人明知是违反了消防管理法规，但却未想到会因此立即产生严重后果，或者轻信能够避免，以致发生了严重后果。

移送审查起诉标准

根据刑法和司法解释规定，被调查人涉嫌消防责任事故犯罪，具有下列情形之一的，经调查认为犯罪事实清楚，证据确实、充分的，应当依法移送人民检察院审查起诉。

1. 造成死亡 1 人以上，或者重伤 3 人以上的；
2. 造成直接经济损失 100 万元以上的；
3. 其他造成严重后果或者重大安全事故的情形。

76. 重大劳动安全事故罪

重大劳动安全事故罪，是指安全生产设施或者安全生产条件不符合国家规定，因而发生重大伤亡事故或者造成其他严重后果的行为。(参见刑法第135条)

学习提示

安全是发展的前提，发展是安全的保障，安全和发展需要同步推进。实现高质量发展，安全正是题中之义。厂矿企业、事业单位应当严把安全关，把安全施工、安全生产、安全作业作为头等大事来抓。对事故隐患不及时排除，在劳动安全设施不符合国家规定的情况下，强行生产作业，发生劳动安全事故，造成严重后果的犯罪行为，必须依法予以刑事制裁。

罪名简释

1. 客体要件：本罪侵犯的客体是厂矿、企业、事业单位等单位的劳动安全，即劳动者的生命、健康和重大公私财产的安全。

2. 客观方面要件：本罪在客观方面表现为厂矿、企业、事业单位等单位的安全生产设施或者安全生产条件不符合国家规定，因而发生重大伤亡事故或者造成其他严重后果的行为。厂矿、企业、事业单位的安全生产设施或安全生产条件不符合国家规定，是发生重大劳动安全事故的直接原因，也是构成本罪的前提条件；如果重大事故的发生并不是由于安全生产设施或安全生产条件不符合国家规定，而是由于其他原因如有人故意破坏、放火等引起的，则不构成重大劳动安全事故罪。构成重大劳动安全事故罪，必须是发生了重大伤亡事故或者造成了其他严重后果。

3. 主体要件：本罪的主体为特殊主体，即单位中对安全生产负有职责义务的主管人员和其他直接责任人员。这里的单位，范围非常广泛，在实践中，主要发生在从事生产、经营的企业和个体经济组织中。对安全生产负有职责义务的主管人员和其他直接责任人员，是指对安全生产设施或者安全生产条件不符合国家规定负有直接责任的生产经营单位负责人、管理人员、实际控制人、投资人，以及其他对安全生产设施或者安全生产条件负有管理、维护职责的人员。

4. 主观方面要件：本罪在主观方面表现为过失。所谓过失，是指有关直接责任人员在主观意志上并不希望发生事故。对于单位存在事故隐患，有关直接责任人则是明知或者应该知道的，有的甚至是经劳动行政部门或者其他有关部门多次责令改正而未改正。

移送审查起诉标准

根据刑法和司法解释规定，被调查人涉嫌重大劳动安全事故犯罪，具有下列情形之一的，经调查认为犯罪事实清楚，证据确实、充分的，应当依法移送人民检察院审查起诉。

1. 造成死亡 1 人以上，或者重伤 3 人以上的；

2. 造成直接经济损失 100 万元以上的；

3. 其他造成严重后果或者重大安全事故的情形。

77. 强令、组织他人违章冒险作业罪

强令、组织他人违章冒险作业罪，是指强令他人违章冒险作业，或者明知存在重大事故隐患而不排除，仍冒险组织作业，因而发生重大伤亡事故或者造成其他严重后果的行为。（参见刑法第134条第2款）

学习提示

“人命关天。”工厂、矿山、林场、建筑企业或者其他企业、事业单位的职工，都应当牢记安全至上、生命至上，依法依规组织开展生产、作业。对强令他人违章冒险作业，或者明知存在重大事故隐患而不排除，仍冒险组织作业，因而发生重大伤亡事故或者造成其他严重后果的犯罪行为，必须依法予以刑事制裁。

罪名简释

1. 客体要件：本罪侵犯的客体是公司、企业、事业单位的生产安全。作为重大责任事故类犯罪所侵犯的客体的生产安全，是公共安全的重要组成部分。

2. 客观方面要件：本罪在客观方面表现为强令他人违章冒险作业，或者明知存在重大事故隐患而不排除，仍冒险组织作业，因而发生重大伤亡事故或者造成其他严重后果的行为。这里的“强令”不一定表现为恶劣的态度、强硬的语言或者行动，只要是利用组织、指挥、管理职权，能够对工人产生精神强制、使其不敢违抗命令，不得不违章冒险作业的，均可构成“强令”。

冒险组织作业是《刑法修正案（十一）》新增设的行为方式，即“明知存在重大事故隐患而不排除，仍冒险组织作业”。“明知”是指行为人在主观上对事故隐患的存在可能导致的危害后果虽然不是积极追求，但存在鲁莽、轻率心态；“不排除”是指对重大隐患不采取有效措施予以排除危险；“仍冒险组织作业”是指明知具有重大事故隐患未排除，仍然组织冒险作业，如已发现事故苗头却不听劝阻、一意孤行，拒不采纳工人和技术人员意见，导致事故发生的，或者通过恶劣手段掩盖安全生产隐患，蒙骗工人作业，在出现险情的情况下仍然继续生产、作业或者指挥工人生产、作业等。

构成强令、组织他人违章冒险作业罪必须是发生重大伤亡事故或者造成其他严重后果。

3. 主体要件：本罪的主体是一般主体，包括具有强令、组织资格的人，包括对生产、作业负有组织、指挥或者管理职责的负责人、管理人员、实际控制人、投资人等人员。

4. 主观方面要件：本罪在主观方面是过失。所谓过失是指行为人对所发生的后果而言，而行为人对于强令、组织他人违章冒险作业则是明知的。

移送审查起诉标准

根据刑法和司法解释规定，被调查人涉嫌强令、组织他人违章冒险作业犯罪，具有下列情形之一的，经调查认为犯罪事实清楚，证据确实、充分的，应当依法移送人民检察院审查起诉。

1. 造成死亡 1 人以上，或者重伤 3 人以上的；

2. 造成直接经济损失 100 万元以上的；

3. 其他造成严重后果或者重大安全事故的情形。

78. 危险作业罪

危险作业罪，是指在生产、作业中违反有关安全管理的规定，虽未实际造成严重后果，但具有发生重大伤亡事故或者其他严重后果的现实危险的行为。（参见刑法第134条之一）

学习提示

生命至上，安全第一。在生产、作业中违反安全管理制度，不仅对生产、作业人员，而且对其他不特定多数人的生命、健康或者财产产生较大安全隐患。这种安全隐患，一旦转化为安全生产事故，将造成难以估量的巨大损失。为更好地发挥刑法的预防、警示和教育功能，实现刑法防线前移，加强民生保护，《刑法修正案（十一）》新增了危险作业罪，只要在生产、作业中违反有关安全管理的规定，“具有发生重大伤亡事故或者其他严重后果的现实危险”，即可构成犯罪，必须依法予以刑事制裁。

罪名简释

1. 客体要件：危险作业罪的客体是生产、作业中有关安全生产的管理制度和公共安全。

2. 客观方面要件：本罪的客观方面表现为在生产、作业中违反有关安全管理的规定，关闭、破坏直接关系生产安全的监控、报警、防护、救生设备、设施，或者篡改、隐瞒、销毁其相关数据、信息，或者因存在重大事故隐患被依法责令停产停业、停止施工、停止使用有关设备、设施、场所或者立即采取排除危险的整改措施，而拒不执行，或者涉及安全生产的事项未经依法批准或者许可，擅自从事矿山开采、金属冶炼、建筑施工，以及危险物品生产、经营、储存等高度危险的生产作业活动，具有发生重大伤亡事故或者其他严重后果的现实危险的行为。危险作业罪客观方面可以简略概括为“隐瞒掩盖”“教而不改”和“应批未批”。

这些行为的实质，是为追求利益最大化，漠视事故隐患和不特定多数人的生命、健康、财产安全，盲目生产、作业。所谓的批准或者许可，主要是指各类安全许可证件，包括在矿山开采、金属冶炼、建筑施工工和危险物品等行业领域的安全生产许可，如危险化学品安全使用许可证和经营许可证等。“未经依法批准或者许可”主要包括4种情形：(1) 自始未取得批准或者许可；(2) 批准或者许可被暂扣、吊销、注销等；(3) 虽然有批准或者许可，但批准或者许可是非法的，如以欺骗、贿赂等非法手段获取的批准或者许可；(4) 超过批准或者许可的期限、范围。实践中普遍存在的“边申请、边审批、边开工”等“程序性违法”的情况，经研究认为，即使事后依法取得了批准或者许可，也可以认为依法取得批准或者许可前的阶段属于“未经依法批准或者许可”，当然，获得批准或者许可本身就说明此前的行为通常没有危险性，一般不符合本条规定的“现实危险”。

需要指出的是，除符合上述行为方式外，本罪的成立还应满足“具有发生重大伤亡事故或者其他严重后果的现实危险的”要件。刑法条文没有使用“情节严重”，而是使用了“现实危险”的概念，这在刑法其他条文中是没有的，采用这一概念的目的是准确表述行为的性质和危险性。《中华人民共和国安全生产法》（以下简称《安全生产法》）中使用了这一概念，在安全生产工作实践中对“现实危险”也有相应的判断标准。“现实危险”，主要是指已经出现了重大险情，或者出现了“冒顶”“渗漏”等“小事故”，虽然最终没有发生重大严重后果，但之所以没有发生，有的是因为被及时制止了，有的是因为开展了有效救援，有的完全是因为偶然性的客观原因，对这种“千钧一发”的危险才能认定为具有“现实危险”。

3. 主体要件：危险作业罪的主体为一般主体，凡年满16周岁、具有刑事责任能力的自然人均可以构成本罪。

4. 主观方面要件：危险作业罪的主观方面是故意。

移送审查起诉标准

目前，尚未出台关于危险作业罪追诉的司法解释。执法和司法实践中，被调查人根据刑法第134条之一规定的情形，具有发生重大伤亡事故或者其他严重后果的现实危险的，就涉嫌危险作业犯罪。经调查认为犯罪事实清楚，证据确实、充分的，应当依法移送人民检察院审查起诉。

79. 不报、谎报安全事故罪

不报、谎报安全事故罪，是指在安全事故发生后，负有报告职责的人员不报或者谎报事故情况，贻误事故抢救，情节严重的行为。(参见刑法第 139 条之一)

学习提示

根据《安全生产法》规定，生产经营单位的主要负责人和有关地方人民政府、负有安全生产监督管理职责的部门，在本单位、本地区发生重大生产安全事故时，应当依法向上级报告。对违反安全事故监管制度，弄虚作假，贻误事故抢救，造成人员伤亡和财产损失进一步扩大的犯罪行为，必须依法予以刑事制裁。

罪名简释

1. 客体要件：本罪侵犯的是安全事故监管制度。

2. 客观方面要件：本罪在客观方面表现为在安全事故发生后，负有报告职责的人员不报或者谎报事故情况，贻误事故抢救，情节严重的行为。所谓的不报事故情况，是指明知发生安全事故后，应当向有关主管部门进行报告，便于开展抢救工作却因为种种原因没有报告，以致贻误事故抢救，情节严重。所谓的谎报事故情况，是指明知发生安全事故后，应当向有关主管部门如实进行报告，便于开展抢救工作，却因为种种原因没有如实进行报告，以致贻误事故抢救，情节严重。谎报既可以是扩大事故严重程度，也可以是缩小事故严重程度。

3. 主体要件：本罪的犯罪主体为对安全事故“负有报告职责的人员”。这里的“负有报告职责的人员”，是指负有组织、指挥或者管理职责的负责人、管理人员、实际控制人、投资人，以及其他负有报告职责的人员。

4. 主观方面要件：本罪在主观方面既可以是过失，也可以是故意。行为人的犯罪动机是多种多样的，有的是为逃避事故责任，有的是徇私情私利，有的是出于报复或嫉妒心理等。无论动机如何，不影响本罪认定。

移送审查起诉标准

根据刑法和司法解释规定，被调查人涉嫌不报、谎报安全事故犯罪，具有下列情形之一的，经调查认为犯罪事实清楚，证据确实、充分的，应当依法移送人民检察院审查起诉。

1. 导致事故后果扩大，增加死亡 1 人以上，或者增加重伤 3 人以上，或者增加直接经济损失 100 万元以上的；

2. 实施下列行为之一，致使不能及时有效开展事故抢救的：

（1）决定不报、迟报、谎报事故情况或者指使、串通有关人员不报、迟报、谎报事故情况的；

（2）在事故抢救期间擅离职守或者逃匿的；

（3）伪造、破坏事故现场，或者转移、藏匿、毁灭遇难人员尸体，或者转移、藏匿受伤人员的；

（4）毁灭、伪造、隐匿与事故有关的图纸、记录、计算机数据等资料以及其他证据的；

3. 其他情节严重的情形。

80. 铁路运营安全事故罪

铁路运营安全事故罪，是指铁路职工违反规章制度，致使发生铁路运营安全事故，造成严重后果的行为。（参见刑法第132条）

学习提示

铁路是国民经济的大动脉，担负着全国最大比重的旅客和货物运输任务。铁路运输连接各行各业、千家万户。这些交通运输活动一旦发生重大事故，就会危及公共安全，使人民生命财产遭受重大损失。铁路职工应当严格遵守规章制度，认真履行职责。对违反规章制度，致使发生铁路运营安全事故，破坏铁路运输的正常秩序和铁路运输的安全的犯罪行为，必须依法予以刑事制裁。

罪名简释

1. 客体要件：本罪侵犯的客体是铁路运输正常秩序和铁路运输安全。

2. 客观方面要件：本罪在客观方面表现为行为人在铁路运输活动中违反规章制度，因而发生铁路运营安全事故，造成严重后果的行为。这里“违反规章制度”，是构成本罪的前提，同时，由于这种违反规章制度的行为，导致了铁路运营安全事故的发生。铁路职工违反规章制度的行为可以是作为，如超速行驶、错扳道岔、错发信号等，也可以是不作为，如过道口未鸣笛示警、扳道员不按时扳道岔、岔道口不减速等。

构成铁路运营安全事故罪，必须是铁路运营安全事故造成严重后果。

3. 主体要件：本罪的主体为特殊主体。只有铁路职工才能成为本罪主体。这里所称的铁路职工，是指具体从事铁路运营业务与保证列车运营安全有直接关系的人员。

4. 主观方面要件：本罪在主观方面表现为过失，包括疏忽大意的过失和过于自信的过失。这种过失主要是指行为人对危害后果的态度而言，行为人在违反规章制度上可能出于故意。

移送审查起诉标准

根据刑法和司法解释规定，被调查人涉嫌铁路运营安全事故犯罪，具有下列情形之一的，经调查认为犯罪事实清楚，证据确实、充分的，应当依法移送人民检察院审查起诉。

1. 造成死亡 1 人以上，或者重伤 3 人以上的；
2. 造成直接经济损失 100 万元以上的；
3. 其他造成严重后果或者重大安全事故的情形。

81. 重大飞行事故罪

重大飞行事故罪，是指航空人员违反规章制度，致使发生重大飞行事故，造成严重后果的行为。(参见刑法第131条)

学习提示

飞机不同于火车、汽车、轮船等交通工具，其运行速度是其他交通工具所无法比拟的。随着市场经济的发展和人民生活水平的提高，它已被大众作为重要的远距离交通工具。航空人员应当严格遵守规章制度，认真履行职责。对违反规章制度，致使发生重大飞行事故，危害空中运输管理秩序和公共安全，损害人民群众生命财产安全的犯罪行为，必须依法予以刑事制裁。

罪名简释

1. 客体要件：本罪侵犯的客体是飞行安全。

2. 客观方面要件：本罪在客观方面表现为违反规章制度，因而导致发生重大飞行事故，造成严重后果的行为。

3. 主体要件：本罪的主体为特殊主体，主体必须是航空人员。根据《中华人民共和国民用航空法》的规定，航空人员，是指从事民用航空活动的空勤人员和地勤人员。空勤人员包括驾驶员、领航员、飞行通信员、机械员、乘务员；地勤人员包括民用航空维护人员、空中交通管制员、飞行签派员、航空电台通信员。

4. 主观方面要件：本罪在主观方面表现为过失，包括疏忽大意的过失和过于自信的过失。这种过失主要是指行为人对危害后果的态度而言，行为人在违反规章制度上可能出于故意。

移送审查起诉标准

目前，尚未出台重大飞行事故罪的司法解释，是否构成重大飞行事故，可以参考《中华人民共和国国家标准民用航空器飞行事故等级》的规定，根据该规定，凡属下列情况之一者为重大飞行事故：

1. 人员死亡，死亡人数在39人及其以下者；

2. 航空器严重损坏或迫降在无法运出的地方(最大起飞重量5.7t及其以下的航空器除外)；

3. 航空器失踪，机上人员在39人及其以下者。

被调查人涉嫌重大飞行事故犯罪，经调查认为犯罪事实清楚，证据确实、充分的，应当依法移送人民检察院审查起诉。

82. 大型群众性活动重大安全事故罪

大型群众性活动重大安全事故罪，是指举办大型群众性活动违反安全管理规定，因而发生重大伤亡事故或者造成其他严重后果的行为。(参见刑法第135条之一)

学习提示

举办庆祝集会、焰火晚会、灯会等大型群众性活动是丰富人民群众精神文化生活，推进新时代中国特色社会主义文化建设的重要方式。举办者及有关人员应当做好安全预案，认真履行安全保障义务，维护人民群众的生命财产安全。对违反安全管理规定，因而发生重大伤亡事故或者造成其他严重后果的，严重侵害公共安全的犯罪行为，必须依法予以刑事制裁。

罪名简释

1. 客体要件：本罪侵犯的客体是公众活动场所的公共安全，即公园、娱乐场、运动场、展览馆或者其他供社会公众活动场所中不特定或多数人的生命、健康或重大公私财产的安全。

2. 客观方面要件：本罪在客观方面表现为在举办大型的群众性活动中，违反在公共场所的群体性活动中相关的安全管理规定，没有履行相应的注意义务，造成了重大的伤亡事故或其他严重后果。本罪的行为形式是不作为，即依照法律、法规、规章以及其他保障公共场所安全的惯例，行为人负有义务采取措施排除在公众活动场所发生的法益侵害或法益侵害的危险性，且有能力履行该义务，而拒不履行。根据相关法规规定，大型群众性活动的举办者、安全责任人等主要负有以下义务：向公安、消防、交通等主管部门申请，并接受安全检查；制定安全保卫工作方案和应急疏散方案；保证公共场所的设施符合安全标准；配备足够的安全保卫人员；合理控制群众性活动的参加人数等。

构成本罪必须是发生重大伤亡事故或者造成其他

严重后果。

3. 主体要件：本罪的主体是特殊主体，即大型群众性活动的举办者或者举办单位直接负责的主管人员，以及对该活动的安全保卫工作负有直接责任的人员。

4. 主观方面要件：本罪的主观方面为过失，即行为人应当预见到自己在大型群众性活动中的违反安全管理规定的行为，可能会造成重大伤亡事故或其他严重后果，因为疏忽大意而没有预见；或虽然已经预见，但轻信能够避免，因而造成重大伤亡事故或其他严重后果。

移送审查起诉标准

根据刑法和司法解释规定，被调查人涉嫌大型群众性活动重大安全事故犯罪，具有下列情形之一的，经调查认为犯罪事实清楚，证据确实、充分的，应当依法移送人民检察院审查起诉。

1. 造成死亡 1 人以上，或者重伤 3 人以上的；

2. 造成直接经济损失 100 万元以上的；

3. 其他造成严重后果或者重大安全事故的情形。

83. 危险物品肇事罪

危险物品肇事罪，是指违反爆炸性、易燃性、放射性、毒害性、腐蚀性物品的管理规定，在生产、储存、运输、使用中发生重大事故，造成严重后果的行为。（参见刑法第136条）

学习提示

爆炸性、易燃性、放射性、毒害性、腐蚀性等危险物品可以用于国防建设、经济建设和人民的日常生活，但由于危险物品本身所固有的危险属性，如在生产、储存、运输、使用中稍有不当，便极为容易发生重大事故，危害人民群众的生命健康和财产安全。从事生产、储存、运输、使用危险物品的人员应当切实提高警惕，严格遵守规章制度。对违反危害物品的管理规定，在生产、储存、运输、使用中发生重大事故，造成严重后果的犯罪行为，必须依法予以刑事制裁。

罪名简释

1. 客体要件：本罪侵犯的客体是公共安全，即不特定多数人的生命、健康和重大公私财产的安全。本罪的犯罪对象是特定的，即能够引起重大事故的发生，致人重伤、死亡或使公私财产遭受重大损失的危险物品，包括爆炸性物品、易燃性物品、放射性物品、毒害性物品、腐蚀性物品等。

2. 客观方面要件：本罪在客观方面表现为在生产、储存、运输、使用危险物品的过程中，违反危险物品管理规定，发生重大事故，造成严重后果的行为。因违反危险物品管理规定，而发生重大事故，造成严重后果，这是构成本罪的结果条件。

3. 主体要件：本罪的主体为一般主体。从实践中案件情况看，主要是从事生产、储存、运输、使用爆炸性、易燃性、放射性、毒害性、腐蚀性物品的职工。但不排除其他人也可能构成本罪。

4. 主观方面要件：本罪在主观方面表现为过失。即行为人对违反危险品管理规定的行为所造成的危害结果具有疏忽大意或者过于自信的主观心理。至于行为人违反危险物品管理规定则既可能出于过失，也可能出于故意。

移送审查起诉标准

根据刑法和司法解释规定，被调查人涉嫌危险物品肇事犯罪，具有下列情形之一的，经调查认为犯罪事实清楚，证据确实、充分的，应当依法移送人民检察院审查起诉。

1. 造成死亡 1 人以上，或者重伤 3 人以上的；
2. 造成直接经济损失 100 万元以上的；
3. 其他造成严重后果或者重大安全事故的情形。

84. 工程重大安全事故罪

工程重大安全事故罪，是指建设单位、设计单位、施工单位、工程监理单位违反国家规定，降低工程质量标准，造成重大安全事故的行为。（参见刑法第 137 条）

学习提示

建设工程是人类有组织、有目的、大规模的经济活动，是我国社会主义现代化建设的物质体现，关系人民群众的财产和生命安全。建设单位、设计单位、施工单位、工程监理单位应当坚持质量标准，严格遵守国家的建筑管理制度。对违反国家规定，降低工程质量标准，造成重大安全事故的犯罪行为，必须依法予以刑事制裁。

罪名简释

1. 客体要件：本罪侵犯的客体是人民的财产和生命安全以及国家的建筑管理制度。

2. 客观方面要件：本罪在客观方面表现为违反国家规定，降低工程质量标准，造成重大安全事故的行为。建筑施工单位的违规行为主要有3种情况：一是在施工中偷工减料，故意使用不合格的建筑材料、构配件和设备；二是不按设计图纸施工；三是不按施工技术标准施工。上述违规行为，是造成建筑工程重大安全事故的根本原因。

构成本罪，必须是违规行为造成重大安全事故的危害后果。所谓重大安全事故，是指因工程质量问题导致建筑工程坍塌，致人重伤、死亡或重大经济损失的情况。这是构成本罪的重要条件。

3. 主体要件：本罪的主体为特殊主体，即为单位犯罪。主体只能是建设单位、设计单位、施工单位及工程监理单位中对建筑工程质量安全负有直接责任的人员。建设单位，是指以营利为目的，从事房地产开发和经营的企业或者是经国家有关部门审批，具有工程建设者的资格，能支付工程价款的其他单位。设计单位，是指专门承担勘察设计任务的勘察设计单位以及其他承担勘察设计任务的勘察设计单位。施工单位，是指从事土木建筑、线路管道、设备安装和建筑装饰装修等工程新建扩建、改建活动的建筑业企业，其中包括工程施工总承包企业、施工承包企业。工程监理单位，是指对建筑工程专门进行监督管理，以保证质量、安全的单位。

4. 主观方面要件：本罪在主观方面表现为过失。可以是出于疏忽大意的过失，也可以是过于自信的过失。这里所说的过失，是指行为人对其所造成的危害结果的心理状态而言。但是，对行为人违反国家规定来说，有时却是明知故犯。

移送审查起诉标准

根据刑法和司法解释规定，被调查人涉嫌工程重大安全事故犯罪，具有下列情形之一的，经调查认为犯罪事实清楚，证据确实、充分的，应当依法移送人民检察院审查起诉。

1. 造成死亡 1 人以上，或者重伤 3 人以上的；

2. 造成直接经济损失 100 万元以上的；

3. 其他造成严重后果或者重大安全事故的情形。

六、公职人员在行使公权力过程中涉及的其他犯罪

根据《中华人民共和国监察法实施条例》第31条的规定，公职人员在行使公权力过程中涉及的其他犯罪共包含17个罪名：破坏选举罪，背信损害上市公司利益罪，金融工作人员购买假币、以假币换取货币罪，利用未公开信息交易罪，诱骗投资者买卖证券、期货合约罪，背信运用受托财产罪，违法运用资金罪，违法发放贷款罪，吸收客户资金不入账罪，违规出具金融票证罪，对违法票据承兑、付款、保证罪，非法转让、倒卖土地使用权罪，私自开拆、隐匿、毁弃邮件、电报罪，故意延误投递邮件罪，泄露不应公开的案件信息罪，披露、报道不应公开的案件信息罪，接送不合格兵员罪。

需要说明的是，从《中华人民共和国刑法》规定来看，这些罪名的犯罪主体既可能是公职人员，也可能是其他人员。如果是公职人员涉嫌本类罪名的，依法由监察机关进行调查。

85. 破坏选举罪

破坏选举罪，是指在选举各级人民代表大会代表和国家机关领导人员时，以暴力、威胁、欺骗、贿赂、伪造选举文件、虚报选举票数或者编造选举结果等手段破坏选举或者妨害选民和代表自由行使选举权和被选举权，情节严重的行为。(参见刑法第256条)

学习提示

选举权利是宪法规定的公民基本政治权利，是我国人民当家作主、行使国家权利的重要标志。选举制度是国家的重要制度，任何侵犯公民选举权利的自由行使，破坏选举制度的行为，都是侵犯公民民主权利，损害国家的政治生活。以暴力、威胁、欺骗、贿赂等非法手段严重破坏选举的犯罪行为，必须依法予以刑事制裁。

罪名简释

1. 客体要件：本罪侵犯的客体是公民的选举权利和国家的选举制度。

2. 客观方面要件：本罪在客观方面表现为在选举各级人民代表大会和国家机关领导人员时，采用各种手段破坏选举或者妨害选民和代表自由行使选举权和被选举权，情节严重的行为。

所谓破坏选举，是指以各种方法扰乱、妨害整个选举活动包括选民登记、提出候选人、投票选举、补选、罢免等正常的进行。所谓妨害选民和代表自由行使选举权和被选举权，是指利用各种手段使得选民和代表不能按自己的意志自由地行使自己的选举和被选举的权利。如不准公民参加选举活动；逼迫、诱使选民或代表不选举某人或选举某人等。破坏选举或妨害选民和代表自由行使选举权和被选举权的方式多种多样，既可以表现为积极的作为如以暴力妨害，又可以表现为消极的不作为如故意漏登选民名单。归纳起来，主要是：（1）暴力手段，即对选民、代表及其工作人员采取殴打、捆绑等人身伤害手段或者捣乱选举场所，砸毁选举设施进行破坏；（2）威胁手段，即以暴力伤害、毁坏财产、揭露隐私、破坏名誉等相要挟，对选民、代表及有关工作人员实施精神强制进行破坏；(3) 欺骗手段，即虚构事实，散布、扩散各种谣言或隐瞒事实真相，以混淆视听进行干扰破坏；(4) 贿赂手段，即利用金钱、财物或者其他物质利益甚或女色勾引、收买选民、代表或者有关工作人员以进行破坏；(5) 伪造选举文件，即伪造选民证、选票、候选人的情况资料、选举文件进行破坏；(6) 虚报选举票数，即对选民、代表的投票总数、赞成票数、反对票数、弃权票数等进行以少报多或以多报少的虚假报告进行破坏；(7) 其他手段，如撕毁选民名单、候选人情况；在选民名单、候选人名单、选票上涂写侮辱性词句；对与自己不同意见的选民、代表进行打击报复；等等。

破坏选举的行为必须是发生在选举各级人民代表大会和国家机关领导人员的活动中，即破坏的是各级权力机关的选举活动。如果不是发生在其中，而是在选举开始以前或者结束以后以及是在选举权力机关代表和国家机关领导人员以外的选举，如工会、共青团、妇联等社会团体的选举，各级党组织及其他民主党派的选举，企业、事业单位的领导人员的选举等，就不属于破坏选举罪的破坏选举。对此，构成犯罪的，应以他罪定罪，而不能以破坏选举罪论处。至于选举活动，则包括选民登记、提出候选人、投票选举、补选、罢免以及人民代表大会换届选举、补选的一切活动过程。

破坏选举的行为还必须属于情节严重才能构成破坏选举罪。仅有破坏行为，尚未达到情节严重，也不能以破坏选举罪论处。所谓情节严重，主要是指破坏选举手段恶劣、后果严重或者造成恶劣影响等情况。

3. 主体要件：本罪的主体是一般主体，可以是普通公民，也可以是国家工作人员。但有些破坏选举的行为，如有意不真实地介绍候选人的情况，变更、伪造、虚报选举结果的，只能由选举工作人员才能实施，不是选举工作人员的不构成破坏选举罪。

4. 主观方面要件：本罪在主观方面表现为故意。一般出于破坏选举或者妨害选民、代表自由行使选举权利的目的。过失不构成破坏选举罪。

移送审查起诉标准

根据刑法和司法解释规定，被调查人涉嫌破坏选举犯罪，具有下列情形之一的，经调查认为犯罪事实清楚，证据确实、充分的，应当依法移送人民检察院审查起诉。

1. 以暴力、威胁、欺骗、贿赂等手段，妨害选民、各级人民代表大会代表自由行使选举权和被选举权，致使选举无法正常进行，或者选举无效，或者选举结果不真实的；

2. 以暴力破坏选举场所或者选举设备，致使选举无法正常进行的；

3. 伪造选民证、选票等选举文件，虚报选举票数，产生不真实的选举结果或者强行宣布合法选举无效、非法选举有效的；

4. 聚众冲击选举场所或者故意扰乱选举场所秩序，使选举工作无法进行的；

5. 其他情节严重的情形。

86. 背信损害上市公司利益罪

背信损害上市公司利益罪，是指上市公司的董事、监事、高级管理人员违背对公司的忠实义务，利用职务便利，通过操纵上市公司从事不正当、不公平的关联交易等非法手段，致使上市公司利益遭受重大损失的行为。(参见刑法第 169 条之一)

学习提示

上市公司是指所发行的股票经过国务院或者国务院授权的证券管理部门批准在证券交易所上市交易的股份有限公司。《公司法》明确规定，董事、监事、高级管理人员应当遵守法律、行政法规和公司章程，对公司负有忠实义务和勤勉义务。对违背对公司的忠实义务，利用职务便利，背信损害上市公司利益，妨害证券市场管理秩序的犯罪行为，必须依法予以刑事制裁。

罪名简释

1. 客体要件：本罪侵犯的客体是上市公司及其股东的合法权益和证券市场的管理秩序。

2. 客观方面要件：本罪在客观方面表现为上市公司的董事、监事、高级管理人员违背对公司的忠实义务，利用职务便利，通过操纵上市公司从事不正当、不公平的关联交易等非法手段，致使上市公司利益遭受重大损失的行为。

所谓背信行为，是指行为人破坏与其任职的上市公司之间的法律确认的信任关系，违背对公司的忠实义务，从事了下列6种非法活动：（1）无偿向其他单位或者个人提供资金、商品、服务或者其他资产的；（2）以明显不公平的条件，提供或者接受资金、商品、服务或者其他资产的；（3）向明显不具有清偿能力的单位或者个人提供资金、商品、服务或者其他资产的；（4）为明显不具有清偿能力的单位或者个人提供担保，或者无正当理由为其他单位或者个人提供担保的；（5）无正当理由放弃债权、承担债务的；（6）采用其他方式损害上市公司利益的，包括：①挪用公司资金；②将公司资金以某个人名义或者以其他个人名义开立账户存蓄；③违反公司章程的规定，未经股东会、股东大会或者董事会同意，将公司资金借贷给他人或者以公司财产为他人提供担保；④违反公司章程的规定或者未经股东会、股东大会同意，与本公司订立或者进行交易；⑤未经股东会、股东大会同意，利用职务便利为自己或者他人谋取属于公司的商业机会，自营或者他人经营与所任职公司同类的业务；⑥接受他人与公司交易的佣金归为己有；⑦擅自披露公司秘密；⑧违反对公司忠实义务的其他行为。

本罪是结果犯，必须由于背信行为“致使上市公司利益遭受重大损失”，才构成犯罪。

3. 主体要件：本罪主体是特殊主体，是指上市公司的董事、监事、高级管理人员。上市公司的控股股东或者实际控制人，指使上市公司董事、监事、高级管理人员实施恶意损害上市公司利益的行为，也以本罪论。

4. 主观方面要件：本罪在主观方面表现为故意。即行为人明知自己实施的是背信行为，明知自己的行为会对上市公司造成财产上损害的结果，并且希望或者放任这种结果的发生。

移送审查起诉标准

根据刑法和司法解释规定，被调查人涉嫌背信损害上市公司利益犯罪，具有下列情形之一的，经调查认为犯罪事实清楚，证据确实、充分的，应当依法移送人民检察院审查起诉。

1. 无偿向其他单位或者个人提供资金、商品、服务或者其他资产，致使上市公司直接经济损失数额在150万元以上的；

2. 以明显不公平的条件，提供或者接受资金、商品、服务或者其他资产，致使上市公司直接经济损失数额在150万元以上的；

3. 向明显不具有清偿能力的单位或者个人提供资金、商品、服务或者其他资产，致使上市公司直接经济损失数额在150万元以上的；

4. 为明显不具有清偿能力的单位或者个人提供担保，或者无正当理由为其他单位或者个人提供担保，致使上市公司直接经济损失数额在150万元以上的；

5. 无正当理由放弃债权、承担债务，致使上市公司直接经济损失数额在150万元以上的；

6. 致使公司、企业发行的股票或者公司、企业债券、存托凭证或者国务院依法认定的其他证券被终止上市交易的；

7. 其他致使上市公司利益遭受重大损失的情形。

87. 金融工作人员购买假币、以假币换取货币罪

金融工作人员购买假币、以假币换取货币罪，是指银行或者其他金融机构的工作人员购买伪造的货币或者利用职务上的便利，以伪造的货币换取货币，数额较大的行为。（参见刑法第 171 条第 2 款）

学习提示

假币犯罪行为不仅严重破坏国家货币发行和管理秩序，同时还损害人民币的信誉，扰乱正常的社会经济活动。党和政府一直以来都采取严厉措施打击假币犯罪。金融工作人员应当依法维护人民币信誉，坚决制止和防范使用假币。对购买假币、以假币换取货币，严重破坏货币发行和管理秩序的犯罪行为，必须依法予以刑事制裁。

罪名简释

1. 客体要件：本罪侵犯的客体是国家的货币管理制度。

2. 客观方面要件：本罪在客观方面表现为银行或者其他金融机构工作人员购买伪造的货币，或者利用职务上的便利以伪造的货币换取货币的行为。伪造的货币简称假币，是指依照我国的货币即人民币和外币含港、澳、台币（包括现行流通的纸币和硬币）的形态、格式、图案、色彩、线条等特征，通过印刷、复印、石印、影印、手描等方法制作的以假充真的货币，不包括变造的货币。

所谓购买伪造的货币，是指以一定的价格利用货币或物品买回、换取伪造的货币的行为。所谓以伪造的货币换取货币的行为，是指以伪造的假币换取真币的行为。这种行为方式，必须在利用职务之便的情况下实施，才能构成本罪的客观方面。如果没有利用本身的职务之便，只是因工作关系熟悉作案的环境、方法、条件等，而将伪造的货币换取真币的，就不是本罪的客观之行为。当然，这不排除可以构成他罪，如使用假币罪、诈骗罪、盗窃罪等。

3. 主体要件：本罪的主体是特殊主体，即只有金融机构的工作人员才能构成。如果不是在金融机构而是在其他机构中工作的人员或者虽然是在上述金融机构中工作，但其不是从事公务而是从事劳务的人员，不能构成本罪主体。

4. 主观方面要件：本罪的主观方面必须是故意，即明知是伪造的货币而予以购买或者利用职务之便利换取货币。如果行为人在工作中误将假币支付给他人，不能视为利用职务便利以假币换取真币。

移送审查起诉标准

根据刑法和司法解释规定，被调查人涉嫌金融工作人员购买假币、以假币换取货币犯罪，总面额在2000元以上或者币量在200张（枚）以上的，经调查认为犯罪事实清楚，证据确实、充分的，应当依法移送人民检察院审查起诉。

88. 利用未公开信息交易罪

利用未公开信息交易罪，是指证券交易所、期货交易所、证券公司、期货经纪公司、基金管理公司、商业银行、保险公司等金融机构的从业人员以及有关监管部门或者行业协会的工作人员，利用因职务便利获取的内幕信息以外的其他未公开的信息，违反规定，从事与该信息相关的证券、期货交易活动，或者明示、暗示他人从事相关交易活动，情节严重的行为。（参见刑法第180条第4款）

学习提示

证券市场上的各种信息是投资者进行投资决策的基本依据，投资者对信息了解、掌握和运用的程度，直接关系自身的利益，关系证券交易的公开、公平、公正原则和诚信原则。金融机构的从业人员、有关监管部门或者行业协会的工作人员，对掌握的内幕信息以外的其他未公开的信息，应当严格保密。对违反信息披露制度，利用未公开信息优势进行信息不对称交易，严重损害投资者利益，破坏证券交易管理秩序的犯罪行为，必须依法予以刑事制裁。

罪名简释

1. 客体要件：本罪侵犯的客体是国家对证券交易管理制度和投资者的合法权益。

2. 客观方面要件：本罪的客观方面表现为利用因职务便利获取的内幕信息以外的其他未公开的信息，违反规定，从事与该信息相关的证券、期货交易活动，或者明示、暗示他人从事相关交易活动的行为。交易活动不仅包括《中华人民共和国证券法》《中华人民共和国证券投资基金法》等法律、行政法规所规定的禁止从业人员从事损害客户利益的交易等行为，也包括资产管理产品、集合理财产品等相关从业人员违背受托义务从事交易活动等行为。如资产管理机构的从业人员在用客户资金买入证券或者其衍生品、期货或者期权合约等金融产品前，自己或关系人先行买入；或者在卖出前，自己或关系人先行卖出等行为。

构成本罪须达到“情节严重”。未达到情节严重的，不构成犯罪。

3. 主体要件：本罪主体是特殊主体，主要包括2个方面：一是证券交易所、期货交易所、证券公司、期货经纪公司、基金管理公司、商业银行、保险公司等金融机构的从业人员；二是有关监管部门或者行业协会的工作人员。这里的“有关监管部门”包括证监会、银保监会等；“行业协会”包括证券业协会、银行业协会和保险业协会等。

4. 主观方面要件：本罪在主观方面表现为故意，即明知是未公开信息，而积极利用此信息进行证券交易或者明示、暗示他人进行相关交易。过失不构成该罪。

移送审查起诉标准

根据刑法和司法解释规定，被调查人涉嫌利用未公开信息交易犯罪，具有下列情形之一的，经调查认为犯罪事实清楚，证据确实、充分的，应当依法移送人民检察院审查起诉。

1. 获利或者避免损失数额在100万元以上的；

2. 二年内3次以上利用未公开信息交易的；

3. 明示、暗示3人以上从事相关交易活动的；

4. 具有其他严重情节的。

利用未公开信息交易，获利或者避免损失数额在50万元以上，或者证券交易成交额在500万元以上，或者期货交易占用保证金数额在100万元以上，同时涉嫌下列情形之一的，应当依法移送检察机关起诉。

1. 以出售或者变相出售未公开信息等方式，明示、暗示他人从事相关交易活动的；

2. 因证券、期货犯罪行为受过刑事追究的；

3. 二年内因证券、期货违法行为受过行政处罚的；

4. 造成其他严重后果的。

89. 诱骗投资者买卖证券、期货合约罪

诱骗投资者买卖证券、期货合约罪，是指证券交易所、期货交易所、证券公司、期货经纪公司的从业人员，证券业协会、期货业协会或者证券期货监督管理部门的工作人员，故意提供虚假信息或者伪造、变造、销毁交易记录，诱骗投资者买卖证券、期货合约，造成严重后果的行为。(参见刑法第181条第2款、第3款)

学习提示

证券、期货市场的各种投资信息和交易记录，是投资者实施证券、期货投资的重要参考和交易凭证，关系到投资者的切身利益，关系到证券、期货交易市场的信誉和管理秩序。证券、期货经纪公司的从业人员和有关监督管理机构的工作人员应当依法诚信履职，保护投资者的利益，维护交易市场的良好秩序。对弄虚

作假，诱骗投资者买卖证券、期货合约，严重损害投资者利益，破坏证券、期货市场正常的交易管理秩序的犯罪行为，必须依法予以刑事制裁。

罪名简释

1. 客体要件：本罪所侵害的客体是复杂客体，包括证券、期货市场正常的交易管理秩序和其他投资者的利益。

2. 客观方面要件：本罪在客观方面表现为故意提供虚假信息或者伪造、变造、销毁交易记录，诱骗投资者买卖证券、期货合约，造成严重后果的行为。

本罪为结果犯，只有因行为人故意提供虚假信息或伪造、变造、销毁交易记录，诱骗投资者的行为造成了实际的严重后果才能构成本罪。否则，即使有上述行为，但没有造成实际损害后果或者虽有实际损害后果但不是严重的后果，都不能构成本罪。

3. 主体要件：本罪的主体为特殊主体，即只有证券交易所、期货交易所、证券公司、期货经纪公司的从业人员，证券业协会、期货业协会或者证券期货监督管理部门的工作人员，才能构成本罪。非上述人员不能构成本罪而成为本罪主体。

4. 主观方面要件：本罪在主观方面必须出于故意，即明知为虚假信息而故意提供或者明知是证券、期货交易记录仍决意伪造、变造或者销毁，并且具有诱骗投资者买卖证券、期货合约的目的。过失不能构成本罪。

移送审查起诉标准

根据刑法和司法解释规定，被调查人涉嫌诱骗投资者买卖证券、期货合约犯罪，具有下列情形之一的，经调查认为犯罪事实清楚，证据确实、充分的，应当依法移送人民检察院审查起诉。

1. 获利或者避免损失数额在5万元以上的；

2. 造成投资者直接经济损失数额在50万元以上的；

3. 虽未达到上述数额标准，但多次诱骗投资者买卖证券、期货合约的；

4. 致使交易价格或者交易量异常波动的；

5. 其他造成严重后果的情形。

90. 背信运用受托财产罪

背信运用受托财产罪，是指商业银行、证券交易所、期货交易所、证券公司、期货经纪公司、保险公司或者其他金融机构，违背受托义务，擅自运用客户资金或者其他委托、信托的财产，情节严重的行为。（参见刑法第 185 条之一第 1 款）

学习提示

委托理财，是指委托人通过委托或者信托与受托人约定，将资金、证券等金融性资产交给受托人，由受托人在一定期限内按照委托人的意愿管理，投资于证券、期货等金融市场，并按期支付给委托人一定比例收益的资产管理活动。受托人应当按照法律规定和合同约定的义务，忠诚履职，维护委托人的合法权益。对背离受托义务，擅自运用受托客户财产，严重损害客户的合法权益并危害金融管理秩序、妨害金融市场的犯罪行为，必须依法予以刑事制裁。

罪名简释

1. 客体要件：本罪侵犯的客体是金融管理秩序和客户的合法权益。

2. 客观方面要件：本罪在客观方面表现为金融机构违背受托义务擅自运用客户资金或者其他委托、信托的财产的行为。构成本罪，必须达到情节严重的标准。如果未达到情节严重，则不构成犯罪。情节严重的认定依有关司法解释为准。

3. 主体要件：本罪的犯罪主体为特殊主体，是单位犯罪，即金融机构，具体是指商业银行、证券交易所、期货交易所、证券公司、期货经纪公司、保险公司或者其他金融机构。其他金融机构，主要是指经国家有关主管部门批准的、有资格开展投资理财特定业务的信托投资公司、投资咨询公司、投资管理公司等金融机构。

4. 主观方面要件：本罪在主观方面表现为故意，一般是为了获取非法利润。

移送审查起诉标准

根据刑法和司法解释规定，被调查人涉嫌背信运用受托财产犯罪，具有下列情形之一的，经调查认为犯罪事实清楚，证据确实、充分的，应当依法移送人民检察院审查起诉。

1. 擅自运用客户资金或者其他委托、信托的财产数额在 30 万元以上的；

2. 虽未达到上述数额标准，但多次擅自运用客户资金或者其他委托、信托的财产，或者擅自运用多个客户资金或者其他委托、信托的财产的；

3. 其他情节严重的情形。

91. 违法运用资金罪

违法运用资金罪，是指社会保障基金管理机构、住房公积金管理机构等公众资金管理机构，以及保险公司、保险资产管理公司、证券投资基金管理公司，违反国家规定运用资金，情节严重的行为。（参见刑法第 185 条之一第 2 款）

学习提示

社会保障基金、住房公积金等公众资金关系人民群众的切身利益和社会安全稳定，国家对于社会保障基金以及其他公众资金的投资、使用有着极为严格而明确的规定。社会保障基金管理机构、住房公积金管理机构等公众资金管理机构，以及保险公司、保险资产管理公司、证券投资基金管理公司应当依法管理运用。对违反国家规定运用资金，严重危害公众资金安全，破坏公众资金管理秩序的犯罪行为，必须依法予以刑事制裁。

罪名简释

1. 客体要件：本罪所侵害的客体是国家对公众资金的管理以及社会公众的合法财产权益。

2. 客观方面要件：本罪在客观方面表现为社会保障基金管理机构、住房公积金管理机构等公众资金管理机构，以及保险公司、保险资产管理公司、证券投资基金管理公司，违反国家规定运用资金的行为。本罪中“违反国家规定运用资金”中的“国家规定”主要包括以下2个方面：（1）国家对运用社会保障基金、住房公积金的规定，如《全国社会保障基金投资管理暂行办法》《全国社会保障基金境外投资管理暂行规定》《住房公积金管理条例》等；（2）国家对保险公司、保险资产管理公司、证券投资管理公司运用资金的规定，如《中华人民共和国保险法》《中华人民共和国证券法》《中华人民共和国证券投资基金法》《证券投资基金管理公司管理办法》等。

构成本罪，必须要达到情节严重的标准。如果未达到情节严重，则不构成犯罪。情节严重的认定依有关司法解释为准。

3. 主体要件：本罪的主体为特殊主体，即社会保障基金管理机构、住房公积金管理机构等公众资金管理机构，以及保险公司、保险资产管理公司、证券投资基金管理公司。

4. 主观方面要件：本罪在主观方面必须出于故意。

移送审查起诉标准

根据刑法和司法解释规定，被调查人涉嫌违法运用资金犯罪，具有下列情形之一的，经调查认为犯罪事实清楚，证据确实、充分的，应当依法移送人民检察院审查起诉。

1. 违反国家规定运用资金数额在30万元以上的；

2. 虽未达到上述数额标准，但多次违反国家规定运用资金的；

3. 其他情节严重的情形。

92. 违法发放贷款罪

违法发放贷款罪，是指银行或者其他金融机构的工作人员违反国家规定发放贷款，数额巨大或者造成重大损失的行为。（参见刑法第186条）

学习提示

发放贷款是商业银行和其他金融机构的一项重要金融业务，为国民经济的发展提供了重要的资金保障。金融机构的工作人员应当严格按照法律规定发放贷款，提高贷款质量，严格贷款资质审查，保证贷款的安全性和使用的有效性。对玩忽职守或者滥用职权，违法发放贷款，造成重大损失，严重破坏国家的贷款管理制度的犯罪行为，必须依法予以刑事制裁。

罪名简释

1. 客体要件：本罪侵犯的客体，是国家的金融管理制度，具体是国家的贷款管理制度。

本罪的对象是贷款，即贷款人对借款人提供的并按约定的利率和期限还本付息的货币资金。贷款既可以是人民币，也可以是外币。

2. 客观方面要件：本罪在客观上表现为行为人实施了违反法律、行政法规的规定，玩忽职守或者滥用职权，发放贷款，数额巨大或者造成重大损失的行为。构成本罪，必须是数额巨大或者造成了重大损失，这是本罪行为在量的方面一个重要的限制。如果没有达到数额巨大，或者没有发生实际损失，或虽有损失但不是重大损失，即使有非法发放贷款的行为，亦不可能构成本罪。

同时，根据刑法第186条第2款规定，银行或者其他金融机构的工作人员违反国家规定，向关系人发放贷款的，依照前款的规定从重处罚。这里的“关系人”不是泛指与银行或者其他金融机构的工作人员有关系的人员，它是一个法定的概念。依刑法第186条第4款和《中华人民共和国商业银行法》第40条之规定，商业银行的关系人是指：“（1）商业银行的董事、监事、管理人员、信贷业务人员及其近亲属；（2）前项所列人员投资或者担任高级管理职务的公司、企业和其他经济组织。”上述关系人大体上可划分为2类：一是商业银行的内部人员，包括董事（部分除外）、监事、各级管理人员和信贷业务人员；二是与商业银行存在着某种内部关系的外部人员或组织，包括内部人员的近亲属、与内部人员及其近亲属有着投资或兼职关系的公司、企业和其他经济组织。

3. 主体要件：本罪的主体为特殊主体，只能由中国境内设立的中资商业银行、信托投资公司、企业集团服务公司、金融租赁公司、城乡信用合作社及其他经营贷款业务的金融机构，以及上述金融机构的工作人员构成，其他任何单位包括外资金融机构（含外资、中外合资、外资金融机构的分支机构等）和个人都不能成为本罪主体。

4. 主观方面要件：本罪在主观方面是故意，即行为人明知道其发放贷款行为是违法的，仍然故意实施。

移送审查起诉标准

根据刑法和司法解释规定，被调查人涉嫌违法发放贷款犯罪，具有下列情形之一的，经调查认为犯罪事实清楚，证据确实、充分的，应当依法移送人民检察院审查起诉。

1. 违法发放贷款，数额在200万元以上的；

2. 违法发放贷款，造成直接经济损失数额在50万元以上的。

93. 吸收客户资金不入账罪

吸收客户资金不入账罪，是指银行或者其他金融机构的工作人员吸收客户资金不入账，数额巨大或者造成重大损失的行为。（参见刑法第187条）

学习提示

吸收客户资金是银行等金融机构把社会上闲散的资金聚集起来，支持国家经济建设的重要途径，关系到金融机构的信誉和客户的切身利益。银行或者其他金融机构的工作人员应当依法履行职责，维护金融管理秩序和客户利益。对违反国家规定，吸收客户资金不入账，严重侵犯国家对存贷款的管理秩序，损害客户利益的犯罪行为，必须依法予以刑事制裁。

罪名简释

1. 客体要件：本罪侵犯的客体是国家对存贷款的管理秩序。

2. 客观方面要件：本罪在客观方面表现为行为人对吸收的客户资金应当纳入银行账户而没有入账，数额巨大或者造成重大损失的行为。“吸收客户资金不入账”，是指不记入金融机构的法定存款账目，以逃避国家金融监管，至于是否记入法定账目以外设立的账目不影响该罪成立；不入账的资金用于何种用途，也不影响该罪成立。

3. 主体要件：本罪的犯罪主体是特殊主体，即银行或者其他金融机构的工作人员，单位也可以成为本罪的主体。

4. 主观方面要件：本罪在主观方面是故意，且具有牟利的目的。

移送审查起诉标准

根据刑法和司法解释规定，被调查人涉嫌吸收客户资金不入账犯罪，具有下列情形之一的，经调查认为犯罪事实清楚，证据确实、充分的，应当依法移送人民检察院审查起诉。

1. 吸收客户资金不入账，数额在 200 万元以上的；

2. 吸收客户资金不入账，造成直接经济损失数额在 50 万元以上的。

94. 违规出具金融票证罪

违规出具金融票证罪，是指银行或者其他金融机构的工作人员违反规定，为他人出具信用证或者其他保函、票据、存单、资信证明，情节严重的行为。(参见刑法第 188 条)

学习提示

金融票证是商品交换和信用活动的产物，它对于加速资金周转，提高社会资金使用效益；及时进行商品交易，促进商品流通；及时清结债权债务，节省流通费用以及规范商业信用等具有重要意义。金融票证已成为我国经济生活中日益重要的信用支付或结算工具。银行或者其他金融机构的工作人员应当严格依法出具金融票证，维护金融票证的信誉和金融机构的利益。对违反国家规定，为他人出具金融票证，严重损害金融机构利益，破坏国家金融管理秩序的犯罪行为，必须依法予以刑事制裁。

罪名简释

1. 客体要件：本罪侵犯的客体是国家的金融管理秩序、金融机构的合法财产利益以及金融机构的声誉和信誉。

本罪的犯罪对象为信用证、保函、票据、存单、资信证明。

2. 客观方面要件：本罪在客观方面表现为银行或者其他金融机构的工作人员违反规定，为他人出具信用证或者其他保函、票据、存单、资信证明，情节严重的行为。这里的“违反规定”，是指违反有关金融法律、行政法规、规章以及银行金融机构内部规定的一些重要业务规则和规章制度。包括：《中华人民共和国中国人民银行法》《中华人民共和国商业银行法》《中华人民共和国票据法》《国内信用证结算办法》等。

构成本罪，必须达到情节严重的标准。所谓的“情节严重”包括给金融机构造成了较大损失，违规出具金融票证涉及金额巨大，或者多次违规出具金融票证等情形。

3. 主体要件：犯罪主体是特殊主体，由银行或者其他金融机构的工作人员构成。这里规定的“银行”是广义的银行，包括中国人民银行、各商业银行、政策性银行以及其他在我国境内设立的中外合资银行和外资银行。“其他金融机构”，是指除银行以外的其他金融机构，即所谓非银行金融机构。

4. *主观方面要件*：本罪在主观上是故意，即行为人对于违规为他人出具信用证或者其他保函、票据、存单、资信证明是明知故犯的行为，但对出具金融票证行为可能造成的重大损失往往是出于过失。

移送审查起诉标准

根据刑法和司法解释规定，被调查人涉嫌违规出具金融票证犯罪，具有下列情形之一的，经调查认为犯罪事实清楚，证据确实、充分的，应当依法移送人民检察院审查起诉。

1. 违反规定为他人出具信用证或者其他保函、票据、存单、资信证明，数额在200万元以上的；

2. 违反规定为他人出具信用证或者其他保函、票据、存单、资信证明，造成直接经济损失数额在50万元以上的；

3. 多次违规出具信用证或者其他保函、票据、存单、资信证明的；

4. 接受贿赂违规出具信用证或者其他保函、票据、存单、资信证明的；

5. 其他情节严重的情形。

95. 对违法票据承兑、付款、保证罪

对违法票据承兑、付款、保证罪，是指银行或者其他金融机构的工作人员在票据业务中，对违反票据法规定的票据予以承兑、付款或者保证，造成重大损失的行为。(参见刑法第189条)

学习提示

票据是商品交换的媒介和货币支付工具，在市场经济活动中得到越来越广泛的使用，对促进我国市场经济的发展起到了重要的推动作用。金融机构及其工作人员应当严格依法履行职责，维护票据信誉和金融机构的资金安全。对滥用职权、玩忽职守，对违反票据法规定的票据予以承兑、付款或者保证，严重损害金融机构利益，破坏国家票据管理制度的犯罪行为，必须依法予以刑事制裁。

罪名简释

1. 客体要件：本罪侵犯的客体是国家票据管理制度及票据当事人的合法权益。

2. 客观方面要件：本罪在客观方面表现为银行或者其他金融机构的工作人员在票据业务中，对违反票据法规定的票据予以承兑、付款或者保证，造成重大损失的行为。主要是指金融机构及其工作人员在票据业务中，玩忽职守，对没有真实委托付款关系的汇票予以承兑；对背书不连续（以其合法方式取得的例外）、形式要件欠缺、签章与预留印鉴不付、票载金额（文字与数码记载）不一致、超过时效期限及其他违反票据法规定的票据予以付款；对没有财产担保的出票人签发的票据或者没有财产担保的承兑人承兑的票据（汇票）予以保证等。对违反票据法规定的票据予以承兑、付款或者保证的行为必须造成重大损失时，才构成犯罪。

3. 主体要件：本罪的主体为特殊主体，即银行或者其他金融机构的工作人员，他人不能构成本罪。银行或者其他金融机构亦可成为本罪主体。

4. 主观方面要件：本罪在主观方面表现为过失，

即行为人对违反票据法规定的票据予以承兑、付款或者保证，可能造成重大损失是出于过失。至于行为人实施的承兑、付款、保证行为本身，则是出于故意。

移送审查起诉标准

根据刑法和司法解释规定，被调查人涉嫌对违法票据承兑、付款、保证犯罪，造成直接经济损失数额在50万元以上的，经调查认为犯罪事实清楚，证据确实、充分的，应当依法移送人民检察院审查起诉。

96. 非法转让、倒卖土地使用权罪

非法转让、倒卖土地使用权罪，是指以牟利为目的，违反土地管理法规，非法转让、倒卖土地使用权，情节严重的行为。（参见刑法第228条）

学习提示

土地使用权是指使用人根据国家法律、文件、合同等的规定，在法律允许的范围内，对国家和集体所有的土地享有占有、使用、收益和部分处分的权利。土地使用权分国有土地使用权和集体土地使用权。任何组织或者个人不得侵占、买卖或者以其他形式非法转让土地。土地使用权可以依法转让。国有单位和公职人员应当带头维护国家的土地管理制度，不得借土地使用权流转非法牟取利益。对非法转让、倒卖土地使用权，严重侵犯国家土地管理制度的犯罪行为，必须依法予以刑事制裁。

罪名简释

1. 客体要件：本罪侵犯的客体是国家的土地管理制度。

2. 客观方面要件：本罪在客观方面表现为以牟利为目的，违反土地管理法规，非法转让、倒卖土地使用权，情节严重的行为。所谓的违反土地管理法规，是指违反以土地管理法为代表的一系列土地管理法规。根据土地管理法规定，国有土地和集体所有土地的使用权可以依法转让。土地使用权转让应当严格依法进行。土地使用权转让，是指土地使用者将土地使用权再转移的行为，包括出售、交换和赠送。未按土地使用权出让合同规定的期限和条件投资开发、利用土地的，土地使用权不得转让。土地使用权转让应当签订转让合同。土地使用权转让时，土地使用权出让合同和登记文件中所载明的权利、义务随之转移。土地使用权转让时，其地上建筑物、其他附着物的所有权转让，应当依照规定办理过户登记。土地使用权和地上建筑物、其他附着物所有权分割转让的，应当经市、县人民政府土地管理部门和房产管理部门批准，并依法办理过户登记。土地使用权转让须符合上述规定，否则即为非法转让。

所谓倒卖土地使用权，是指将土地使用权非法出卖给他人，或者为了出卖而向他人收买、租借土地使用权等，有的是明码标价予以出卖；有的则是以某种形式掩盖其土地的买卖，如明里购买他人的厂房，暗里则是购买厂房所占地的土地使用权；借买他人住宅之名行占他人宅基地使用权之实等。

非法转让、倒卖土地使用权的行为必须达到情节严重，才能构成本罪。

3. 主体要件：本罪的主体为一般主体。凡达到刑事责任年龄，具备刑事责任能力的自然人均可成为非法转让、倒卖土地使用权罪主体。单位犯非法转让、倒卖土地使用权罪的、对单位判处罚金，对其直接负责的主管人员和其他直接责任人员依本条追究刑事责任。

4. 主观方面要件：本罪在主观方面表现为故意，并且以牟利为目的。不以牟利为目的，不构成非法转让、倒卖土地使用权罪。牟利不仅是指行为人谋取金钱上的利益，而且也指行为人谋取其他不正当的利益，例如，为了出国办理护照，为了升官，等等。

移送审查起诉标准

根据刑法和司法解释规定，被调查人涉嫌非法转让、倒卖土地使用权犯罪，具有下列情形之一的，经调查认为犯罪事实清楚，证据确实、充分的，应当依法移送人民检察院审查起诉。

1. 非法转让、倒卖基本农田5亩以上的；

2. 非法转让、倒卖基本农田以外的耕地10亩以上的；

3. 非法转让、倒卖其他土地20亩以上的；

4. 违法所得数额在50万元以上的；

5. 虽未达到上述数额标准，但因非法转让、倒卖土地使用权受过行政处罚，又非法转让、倒卖土地的；

6. 其他情节严重的情形。

97. 私自开拆、隐匿、毁弃邮件、电报罪

私自开拆、隐匿、毁弃邮件、电报罪，是指邮政工作人员私自开拆或者隐匿、毁弃邮件、电报的行为。(参见刑法第253条第1款)

学习提示

宪法规定，我国公民享有通信自由权，公民的通信自由和通信秘密受法律保护。邮政工作人员应当依法忠诚履行职责，保证公民的邮件、电报快速、准确地送到收件人手中。对违反法律规定，私自开拆、隐匿、毁弃邮件、电报，严重侵犯公民通信自由权和邮政管理秩序的犯罪行为，必须依法予以刑事制裁。

罪名简释

1. 客体要件：本罪侵犯的客体是复杂客体，不仅侵害了公民的通信自由和通信秘密权，也侵害了国家邮电部门的正常活动及信誉。本罪侵犯的对象是邮件和电报。

2. 客观方面要件：本罪在客观方面表现为邮政工作人员利用职务上的便利，私自开拆、隐匿、毁弃邮件、电报的行为。构成本罪并不要求行为人同时具备私拆、隐匿、毁弃 3 种形式，只要实施其中之一者，即可构成。如果 2 种或 3 种行为形式兼而有之，仍以本罪一罪论处，不实行数罪并罚。

3. 主体要件：本罪的主体为特殊主体，即邮政工作人员，也就是国家邮电部门的干部、营业人员、分拣员、接发员、押运员、接站员、搬运员等。

4. 主观方面要件：本罪在主观方面是故意，过失不构成本罪。

移送审查起诉标准

根据刑法和有关司法解释的规定，被调查人涉嫌私自开拆、隐匿、毁弃邮件、电报犯罪，具有下列情形之一的，经调查认为犯罪事实清楚，证据确实、充分的，应当依法移送人民检察院审查起诉。

1. 私拆或者隐匿、毁弃邮件、电报、次数较多或数量较大的；

2. 私拆或者隐匿、毁弃邮件，并从中窃取财物的；

3. 私拆或者隐匿、毁弃邮件、电报，虽然次数不多，数量不大，但给国家、集体利益以及公民合法权益造成严重后果的；

4. 私拆或者隐匿、毁弃邮件、电报，造成其他危害后果的。

98. 故意延误投递邮件罪

故意延误投递邮件罪，是指邮政工作人员严重不负责任，故意延误投递邮件，致使公共财产、国家和人民利益遭受重大损失的行为。(参见刑法第304条)

学习提示

国家依法保障公民的通信自由权，邮政企业应当为用户提供迅速、准确、安全、方便的邮政业务，邮政工作人员应当按照国家规定的时限投交邮件，自觉维护国家邮政管理秩序。对严重不负责任，故意延误投递邮件，致使公共财产、国家和人民利益遭受重大损失的犯罪行为，必须依法予以刑事制裁。

罪名简释

1. 客体要件：本罪侵犯的客体是国家的邮政管理秩序。本罪侵犯的对象是邮件。

2. 客观方面要件：本罪在客观方面表现为邮政工作人员严重不负责任，故意延误投递邮件，致使公共财产、国家和人民利益遭受重大损失的行为。

本罪属于不作为犯，即行为人有条件、有义务将邮件按时投送而故意延误的行为。如果行为人遭遇不可抗力或意外事件延误投递邮件的，不构成本罪。

构成本罪还必须因延误投递邮件的行为发生了使公共财产、国家和人民利益遭受重大损失的结果。仅有延误投递的行为而没有发生重大损失的结果，不成立本罪。

3. 主体要件：本罪主体为特殊主体，是邮政工作人员。即国家邮政部门的干部、营业人员、分拣员、接发员、押运员、搬运员等。

4. 主观方面要件：本罪的主观方面是故意，即行为人主观上严重不负责任，拒不办理依法应当办理的邮政业务，故意延误投递邮件。

移送审查起诉标准

根据刑法和司法解释规定，被调查人涉嫌故意延误投递邮件犯罪，具有下列情形之一的，经调查认为犯罪事实清楚，证据确实、充分的，应当依法移送人民检察院审查起诉。

1. 造成直接经济损失 2 万元以上的；

2. 延误高校录取通知书或者其他重要邮件投递，致使他人失去高校录取资格或者造成其他无法挽回的重大损失的；

3. 严重损害国家声誉或者造成其他恶劣社会影响的；

4. 其他致使公共财产、国家和人民利益遭受重大损失的情形。

99. 泄露不应公开的案件信息罪

泄露不应公开的案件信息罪，是指司法工作人员、辩护人、诉讼代理人或者其他诉讼参与人，泄露依法不公开审理的案件中不应当公开的信息，造成信息公开传播或者其他严重后果的行为。(参见刑法第308条之一第1款)

学习提示

在刑事诉讼中设立不公开审理制度，目的是要保护国家秘密、商业秘密、个人隐私等。司法工作人员、辩护人、诉讼代理人或者其他诉讼参与人，都要依法履行保密义务，不得泄露在诉讼中获得的各种案件信息。对违反法律义务，泄露不应公开的案件信息，造成严重后果，妨害司法机关正常诉讼秩序，侵害诉讼当事人涉案信息安全和利益的犯罪行为，必须依法予以刑事制裁。

罪名简释

1. 客体要件：本罪所侵犯的客体是复杂客体，包括司法机关正常的诉讼秩序，具体而言是司法机关正常的审判秩序，以及诉讼当事人涉案信息的安全。

2. 客观方面要件：本罪在客观方面表现为泄露依法不公开审理的案件中不应当公开的信息，造成信息公开传播或者其他严重后果。

构成泄露不应公开的案件信息罪，必须是造成信息公开传播或者其他严重后果。所谓“造成信息公开传播”，是指不应让司法工作人员、辩护人、诉讼代理人或其他诉讼参与人以外的其他人所知悉的信息，为大范围社会公众所知悉。“其他严重后果”，是指因信息泄露而给利益相关者所带来的严重损失，如国家秘密为他人所知悉，将可能造成危害社会稳定、经济发展、国防安全或者其他严重危害后果的；如诉讼参与人的个人隐私为他人所知悉，导致其名誉、人格遭到贬损，甚至引发自伤、自杀等严重后果的；如商业秘密为他人所知悉，给商业秘密所有者带来严重的经济损失的；等等。

3. 主体要件：本罪的主体为特殊主体，具体而言，即不公开审理的案件诉讼中的司法工作人员、辩护人、诉讼代理人或者其他诉讼参与人等。

4. 主观方面要件：本罪的主观方面为故意，既可是直接故意，也可是间接故意，行为人主观上需明知所泄露的信息属于不公开审理的案件信息。至于主观上有没有牟利的目的，不影响本罪的认定。

移送审查起诉标准

目前，尚未出台相关司法解释，根据刑法规定，被调查人泄露不应公开的案件信息，造成信息公开传播或者其他严重后果的，构成犯罪。经调查认为犯罪事实清楚，证据确实、充分的，应当依法移送人民检察院审查起诉。

100. 披露、报道不应公开的案件信息罪

披露、报道不应公开的案件信息罪，是指公开披露、报道依法不公开审理的案件中不应当公开的信息，情节严重的行为。(参见刑法第308条之一第3、4款)

学习提示

对依法不公开审理的案件，任何获得案件信息的人员都有保守秘密的义务。尤其是媒体从业人员，更要依法谨慎报道相关案件，维护司法机关依法、独立、公正行使司法权。对违反保密义务，违法披露、报道不应公开的案件信息，造成严重后果，妨害司法机关正常诉讼秩序，侵害诉讼当事人涉案信息安全和利益的犯罪行为，必须依法予以刑事制裁。

罪名简释

1. 客体要件：本罪所侵犯的客体是复杂客体，既包括司法机关正常的审判秩序，也包括诉讼当事人涉案信息的安全。

2. 客观方面要件：本罪在客观方面表现为行为人公开披露、报道依法不公开审理的案件中不应当公开的信息，情节严重的行为。所谓披露，是指发表、公布。所谓报道，是指通过报纸、杂志、广播、电视或其他形式把信息告诉公众。披露、报道的案件信息为第 308 条之一第 1 款中所规定的不公开审理的案件中不应当公开的信息，包括国家秘密、商业秘密、个人隐私等信息。构成本罪，必须达到“情节严重”的标准。所谓的情节严重，一般是指造成信息公开传播或者因信息泄露而给利益相关者带来的严重损失，如国家秘密为他人所知悉，将可能造成危害社会稳定、经济发展、国防安全或者其他严重危害后果的；如诉讼参与人的个人隐私为他人所知悉，导致其名誉、人格遭到贬损，甚至引发自伤、自杀等严重后果的；如商业秘密为他人所知悉，给商业秘密所有者带来严重的经济损失的；等等。

3. 主体要件：本罪的主体为一般主体，既可以是自然人，也可以是单位，但不包括司法工作人员、辩护人、诉讼代理人在内，一般为新闻媒体工作者和相关新闻媒体机构。

4. 主观方面要件：本罪在主观方面为故意，直接故意和间接故意均可。行为人应当明知披露、报道的信息为不公开审理案件中不应当公开的信息，至于行为人出于何种动机披露、报道不应当公开的案件信息，不影响本罪的构成。

移送审查起诉标准

目前，尚未出台相关司法解释，根据刑法规定，被调查人公开披露、报道依法不公开审理的案件中不应当公开的信息，情节严重的，构成犯罪。经调查认为犯罪事实清楚，证据确实、充分的，应当依法移送人民检察院审查起诉。

101. 接送不合格兵员罪

接送不合格兵员罪，是指征兵工作人员在征兵工作中徇私舞弊，接送不合格兵员，情节严重的行为。(参见刑法第 374 条)

学习提示

兵员质量和征兵工作关系国防安全。各级兵役机关和基层人民武装机构应当依法办理兵役工作，保证兵员质量。对徇私舞弊，接送不合格兵员，使征兵工作受到重大损失，严重损害武装力量的威信，严重干扰国家征兵工作正常秩序的犯罪行为，必须依法予以刑事制裁。

罪名简释

1. 客体要件：本罪侵犯的客体是国家征兵工作的正常活动。

2. 客观方面要件：本罪在客观方面表现为在兵役登记、体格检查、政治审查、审定新兵、交接新兵、运输新兵、检疫和退兵等征兵工作各个阶段徇私舞弊，接送不合格兵员，情节严重的行为。

所谓接送不合格兵员，包括“接收不合格兵员”和“输送不合格兵员”两种行为。“不合格兵员”，是指不符合《中华人民共和国兵役法》规定和国家规定的特殊兵种征兵条件的人员，包括政治不合格、身体不合格、年龄不合格、文化程度不合格等4个方面。只要有一个方面不合格，都属于不合格的兵员。“接收不合格兵员”，是指军队中负责征兵工作的人员在征兵工作中徇私舞弊，将明知是不符合征兵条件的人员接收到军队的行为。“输送不合格兵员”，是指地方负责征兵工作的人员在征兵工作中徇私舞弊，将明知是不符合征兵条件的人员输送到军队的行为。征兵工作中的徇私舞弊与接送不合格兵员之间必须具有事实上的因果关系。即行为人在征兵工作中实施徇私舞弊行为是因，接送不合格兵员是果；或者说，行为人接送不合格兵员罪的结果，是因为其在征兵工作中徇私舞弊行为所致。

构成本罪必须具有“情节严重”的行为。如果行为人在征兵工作中徇私舞弊，接收或输送不合格兵员，但尚未达到“情节严重”的程度，或者行为与情节严重之间不具有刑法上的因果关系，就不能认定为构成本罪，只能按其他罪名，或作为一般违法违纪行为来处理。

3. 主体要件：本罪主体是特殊主体，即必须是具有在征兵工作中负有征兵职责的征兵工作人员。包括军队和地方担负征兵工作的体检人员、政审人员、接兵人员和其他有关责任人员。

4. 主观方面要件：本罪在主观方面表现为故意。行为人的犯罪动机可能是多种多样的，有的是为了贪图钱财等不法利益，有的是因碍于亲朋好友情面而徇私舞弊，有的是出于报复或嫉妒心理而徇私舞弊，等等。

移送审查起诉标准

根据刑法和司法解释规定，被调查人涉嫌接送不合格兵员犯罪，具有下列情形之一的，经调查认为犯罪事实清楚，证据确实、充分的，应当依法移送人民检察院审查起诉。

1. 接送不合格特种条件兵员 1 名以上或者普通兵员 3 名以上的；

2. 发生在战时的；

3. 造成严重后果的；

4. 其他情节严重的情形。